Quick Guide

Quick Guides liefern schnell erschließbares, kompaktes und umsetzungsorientiertes Wissen. Leser erhalten mit den Quick Guides verlässliche Fachinformationen, um mitreden, fundiert entscheiden und direkt handeln zu können.

Weitere Bände in der Reihe http://www.springer.com/series/15709

Christian Schmidkonz

Quick Guide Glück im Arbeitsleben

Wie der Arbeitsalltag in Unternehmen gesünder, glücklicher und erfolgreicher gestaltet werden kann

Christian Schmidkonz
Munich Business School
Department of Business and Economics
München, Deutschland

ISSN 2662-9240 ISSN 2662-9259 (electronic)
Quick Guide
ISBN 978-3-662-63902-3 ISBN 978-3-662-63903-0 (eBook)
https://doi.org/10.1007/978-3-662-63903-0

Die Deutsche Nationalbibliothek verzeichnet diese Publikation in der Deutschen Nationalbibliografie; detaillierte bibliografische Daten sind im Internet über http://dnb.d-nb.de abrufbar.

© Der/die Herausgeber bzw. der/die Autor(en), exklusiv lizenziert durch Springer-Verlag GmbH, DE, ein Teil von Springer Nature 2021
Das Werk einschließlich aller seiner Teile ist urheberrechtlich geschützt. Jede Verwertung, die nicht ausdrücklich vom Urheberrechtsgesetz zugelassen ist, bedarf der vorherigen Zustimmung der Verlage. Das gilt insbesondere für Vervielfältigungen, Bearbeitungen, Übersetzungen, Mikroverfilmungen und die Einspeicherung und Verarbeitung in elektronischen Systemen.
Die Wiedergabe von allgemein beschreibenden Bezeichnungen, Marken, Unternehmensnamen etc. in diesem Werk bedeutet nicht, dass diese frei durch jedermann benutzt werden dürfen. Die Berechtigung zur Benutzung unterliegt, auch ohne gesonderten Hinweis hierzu, den Regeln des Markenrechts. Die Rechte des jeweiligen Zeicheninhabers sind zu beachten.
Der Verlag, die Autoren und die Herausgeber gehen davon aus, dass die Angaben und Informationen in diesem Werk zum Zeitpunkt der Veröffentlichung vollständig und korrekt sind. Weder der Verlag noch die Autoren oder die Herausgeber übernehmen, ausdrücklich oder implizit, Gewähr für den Inhalt des Werkes, etwaige Fehler oder Äußerungen. Der Verlag bleibt im Hinblick auf geografische Zuordnungen und Gebietsbezeichnungen in veröffentlichten Karten und Institutionsadressen neutral.

Planung/Lektorat: Christine Sheppard
Springer Gabler ist ein Imprint der eingetragenen Gesellschaft Springer-Verlag GmbH, DE und ist ein Teil von Springer Nature.
Die Anschrift der Gesellschaft ist: Heidelberger Platz 3, 14197 Berlin, Germany

Vorwort

Populäre Wirtschaftsmagazine berichten immer wieder darüber, warum Unternehmen Wert auf das Glück ihrer Mitarbeiterinnen und Mitarbeiter legen sollten: Glückliche Mitarbeiterinnen und Mitarbeiter haben eine positive Arbeitseinstellung, sie unterstützen sich gegenseitig, sind weniger gestresst und damit produktiver, haben weniger Angst davor, Fehler zu machen, sind kreativer und sie sind Menschen, mit denen andere gerne zusammenarbeiten (Power, 2016). Doch zwischen Anspruch und Wirklichkeit bestehen oft Welten. Zu viele Führungskräfte denken, dass Glück etwas ist, das sich ein Unternehmen nur dann leisten kann, wenn die Finanzkennzahlen stimmen. Viele Mitarbeiterinnen und Mitarbeiter sehen die alleinige Verantwortung für das persönliche Glück während der Arbeitszeit beim Unternehmen; dabei können sie selbst dazu beitragen, ihr eigenes subjektives Wohlbefinden sowie das der Kolleginnen und Kollegen zu steigern. Andere hören gar nicht mehr hin, sobald sie nur das Wort „Glück" hören, da es inzwischen in zu vielen Werbespots eingesetzt und auf zu viele Keks- und Saftpackungen gedruckt wurde.

In diesem Buch werden Sie einiges zum Thema „Glück im Arbeitsleben" und – sofern Sie offen für die Übungen sind und diese ausprobieren – über sich selbst erfahren. Lassen Sie uns unsere kleine Tour durch den Dschungel des Glücks jedoch mit einer kritischen Würdigung des Themas „Glück im Arbeitsleben" beginnen. Dies mag etwas unüblich sein, da sie normalerweise am Ende eines Buches steht. Angesichts der Bedeutung und Popularität des Themas wollen wir aber einige kritische Punkte, die möglichen Erwartungen an dieses Buch betreffend, gleich zu Beginn ansprechen.

Die wichtigste Frage im Zusammenhang mit „Glück im Arbeitsleben" ist, ob dieses Thema überhaupt wichtig ist. Ein kleines Gedankenexperiment kann hier zur Antwort führen: Stellen Sie sich die Frage, warum Sie Ihrer Arbeit nachgehen.

Nehmen Sie die erste Antwort, die Ihnen in den Sinn kommt (beispielsweise: „Um Geld zu verdienen.") und hinterfragen Sie die Antwort mit „warum?" (beispielsweise also: „Warum will ich Geld verdienen?"). Hinterfragen Sie Ihre Antworten weiter mit „Warum?" – bis Ihre Antwort unweigerlich sein wird: „Damit ich glücklich bin." Diese Antwort mit „warum?" zu hinterfragen ist kaum mehr sinnvoll möglich. Glück ist also sogar das wichtigste Ziel, das der Mensch durch sein tägliches Handeln zu erreichen versucht – nicht nur in der Freizeit, sondern auch während der Arbeit. Der britische Nationalökonom und Mitgründer der „Action for Happiness"-Bewegung Prof. Lord Richard Layard schrieb dazu:

▶ „Happiness is the only good which would be generally accepted as an end in itself." (Layard, 2011)

Einige Hochschulen haben die Bedeutung des Glücks auch für die Ausbildung ihrer Studierenden erkannt und bieten ausgesprochen erfolgreiche Kurse dazu an: An der *Harvard Business School* können Studierende den Kurs „Leadership and Happiness" wählen. An der *Yale University* wurde der Kurs „Psychology and the Good Life" der Psychologieprofessorin Laurie Santos im Jahr 2018 von über 1200 Studierenden besucht. In Deutschland ist der seit 2014 an der *Munich Business School* angebotene Kurs „Success factor happiness" der erfolgreichste Wahlkurs unter den Master-Studierenden.

Der Erfolg dieser Kurse ist kaum überraschend: Offensichtlich besteht zum Thema Glück, nach dem der Mensch schließlich bereits seit seiner Geburt strebt, großes Unwissen. Ein Faktor, der zur Unsicherheit im Umgang mit Glück beiträgt, ist sicher, dass es nicht einmal die eine Definition von Glück gibt. Häufig werden ähnliche Begriffe, wie beispielsweise Zufriedenheit, synonym benutzt. Als Mensch, Autor und selbst als Wissenschaftler kann man da manchmal schon ein wenig verzweifeln (siehe auch zum Beispiel Rehwaldt, 2017, S. 78–79, die entsprechend eine nicht ausreichende Differenzierung von Zufriedenheit und Glück in der Forschungslandschaft feststellt). Erwarten Sie also nicht, dass Sie in diesem Buch eine allgemeingültige Definition von Glück finden werden. Dafür werden Sie (hoffentlich) eine klarere Vorstellung davon haben, wie Sie Glück für sich definieren und es selbst im Rahmen Ihrer Arbeit beeinflussen können.

Vielleicht haben Sie sich schon mit dem Thema Glück beschäftigt und der Dschungel ist daher nicht mehr ganz so dicht für Sie. Vielleicht wissen Sie schon viel über das Thema und vermissen den einen oder anderen Gesichtspunkt in diesem Buch. Erwarten Sie nicht, dass dieses Buch vollständig ist. Dafür gibt es bei einem großen Internet-Buchhändler noch über 40.000 weitere Werke unter dem Stichwort „Happiness", mit denen Sie Ihr Wissen ergänzen können. Das vorliegende Buch richtet sich insbesondere an Arbeitnehmerinnen und Arbeitnehmer in verschiedensten Rollen und Positionen, die sich zum Thema „Glück im Arbeitsleben" informieren und inspirieren lassen wollen. Dabei wird auch auf aktuelle Themenfelder wie „Transformative Technologien" (auch „Well-being Technologien" genannt) eingegangen.

Das Buch folgt keiner bestimmten Schule oder gar einem Dogma. Lassen Sie sich inspirieren, aber bleiben Sie kritisch. Die moderne Glücksforschung ist noch relativ jung, und einige Erkenntnisse, die noch vor wenigen Jahren als bahnbrechend galten, werden heute anders gesehen (siehe beispielsweise das berühmte Kuchendiagramm in Abschn. 1.3). Daniel Goleman und Richard J. Davidson (2017) beschreiben in ihrem gemeinsamen Buch sehr gut, was von den zahlreichen Studienergebnissen aus der eigenen Forschung wirklich zu halten ist – und was eher interessante Informationen sind, die sich jedoch nicht unbedingt replizieren und verifizieren lassen. Erwarten Sie also auch nicht, dass Sie in diesem Buch der Weisheit letzten Schluss erfahren werden. Es gibt noch viel zu erforschen – und mindestens genauso viel für einen selbst durch Reflexion und Übungen zu erfahren. Zu letzterem werden Sie einige Anleitungen in diesem Buch finden.

Und schließlich: Es besteht selbstverständlich keine Pflicht dazu, ständig glücklich zu sein. Es ist auch gar nicht möglich und es sollte nie das Ziel im Leben sein. Erwarten Sie also nicht, nach der Lektüre dieses Buches keine Sorgen und Probleme mehr im Arbeitsleben zu haben. Das ultimative, unendliche Glück gibt es nicht. Tatsächlich kann eine Überbewertung des Glücks im Leben und ein entsprechend unreflektiertes, verbissenes Streben nach dem Glück auch den gegenteiligen Effekt der angestrebten Wirkung haben (Mauss et al., 2011)[1]. Behalten Sie also einen gesunden Umgang mit dem Thema Glück bei und nehmen Sie das eine oder andere hierzu auch mit Humor. Erwarten Sie gerne, dass sich nach der Lektüre dieses Buches einige Pfade im Dschungel des Glücks für Sie auftun werden, die es sich zu beschreiten lohnt. Viel Spaß beim Lesen!

P.S.: Wann immer im Text dieses Buches die weibliche Form einer Person gewählt wurde, könnte dort auch die männliche Form stehen (Kollegin oder Kollege, Mitarbeiterin oder Mitarbeiter) – und umgekehrt.

Christian Schmidkonz

---

[1] Bei der Studie handelt es sich um eine relativ kleine Untersuchung, für die 59 Frauen in und um Denver, Colorado befragt wurden.

Literatur

Goleman, D., & Davidson, R. (2017). *The science of meditation – How to change your brain, mind and body*. Penguin Random House.
Layard, R. (2011). *Happiness – Lessons from a new science*. Penguin.
Mauss, I., Tamir, M., Anderson, C., & Savino, N. (2011). Can seeking happiness make people happy? Paradoxical effects of valuing happiness. *Emotion*, 807–815. https://doi.org/10.1037/a0022010.
Rehwaldt, R. (2017). *Die glückliche Organisation*. Springer Gabler.

Inhaltsverzeichnis

1 **Glück – eine Einführung** 1
  1.1 Die Semantik des Glücks 2
  1.2 Ausprägungen des Glücks 4
  1.3 Des Glückes Schmied 6
  1.4 „Happiness at Work" und warum ein Tischkicker nicht
       automatisch glücklich macht 10
  Literatur 13

2 **Achtsamkeit, Mitgefühl und Dankbarkeit als Glücksfaktoren im Arbeitsalltag** 15
  2.1 Achtsamkeit im Arbeitsalltag 16
      2.1.1 Das eigene Leben verpassen und der Moment in der Zeit 16
      2.1.2 Achtsamkeit und das Schaffen von Handlungsfreiheit ... 18
      2.1.3 Meta-Aufmerksamkeit und Autopilot 23
      2.1.4 Das vegetative Nervensystem und die Bedeutung der Atmung für Achtsamkeit 26
      2.1.5 Informelle und formelle Achtsamkeitspraktiken im Arbeitsalltag 30
      2.1.6 Vorteile von Achtsamkeit im Arbeitsalltag und Risiken bei der Einführung 35
  2.2 Management mit Mitgefühl 37
      2.2.1 Mitgefühl ist mehr als Empathie 37
      2.2.2 Die Stufen des Mitgefühls 40
      2.2.3 Vorteile von praktiziertem Mitgefühl in Unternehmen 44

		2.2.4	Wie Führung und Mitgefühl zusammenpassen	47
	2.3	Dankbarkeit als Schlüssel zum Glück		50
		2.3.1	Vergleichen und das Ende des Glücks	51
		2.3.2	Die Tretmühlen des Lebens	54
		2.3.3	Dankbarkeit und die Definition einer unterschätzten Tugend	59
		2.3.4	Dankbarkeit im Arbeitsalltag	61
		2.3.5	Ein Modell für Dankbarkeit im Organisationskontext	65
	Literatur			69
3	**"Higher-Purpose" und Erfolg im Beruf**			**73**
	3.1	Die drei Dimensionen des Purpose		74
	3.2	Mission, Vision und Purpose und die Bedeutung des "Warum" für Unternehmen		77
	3.3	"Job Crafting" und der Unterschied zwischen Job, Karriere und Berufung		82
	3.4	Wann ist ein Erfolg ein Erfolg?		87
	3.5	Quintupel Bottom Line-Modell		91
	Literatur			93
4	**Technologie und Glück**			**95**
	4.1	Digitale Abhängigkeit und die Skinner-Box in der Hosentasche		96
	4.2	"Digital Detox" und "Digital Breaks"		97
	4.3	Transformative Technologien zur Steigerung des subjektiven Wohlbefindens		100
	Literatur			105
Fazit und Ausblick				**107**

Glück – eine Einführung

Was Sie aus diesem Kapitel mitnehmen
- Welche Ausprägungen von Glück gibt es.
- Was kann das Wort „Glück" in verschiedenen Sprachen genau bedeuten.
- Wie kann Glück definiert werden.
- Inwiefern hat jeder selbst Einfluss auf das persönliche Glück.
- Warum Glück und Zufriedenheit nicht das gleiche sind und wie sie im Arbeitskontext unterschieden werden können.

Das Streben nach Glück ist das höchste Ziel, auf das man sich allgemein als ein erstrebenswertes Ziel einigen kann. Und dennoch: in verschiedenen Sprachen kann es zum Thema Glück Begriffe mit sehr unterschiedlichen Bedeutungen geben. Es gibt auch nicht die eine Definition für Glück. Für viele Angestellte in Unternehmen ist Glück zudem etwas, das man eher in der Freizeit findet als während der Arbeit. Manche Vorgesetzte bemühen sich zunehmend um das Glück der Mitarbeiterinnen und Mitarbeiter, denn sie wissen, dass glückliche Mitarbeiter produktiver, kreativer und innovativer sind, länger im Unternehmen bleiben und weniger häufig krank werden. Doch häufig kümmern sie sich aus Unwissenheit in Wirklichkeit um die Zufriedenheit der Mitarbeiterinnen und Mitarbeiter, nicht aber um ihr tatsächliches, individuelles Glück; und fragen sich dann, warum ihre „Glücksinitiativen" verpuffen. In diesem Kapitel sollen daher einige Grundlagen für die Diskussion von „Glück im Arbeitsalltag" gelegt werden, wobei wir mit dem Wort „Glück" beginnen wollen.

1.1 Die Semantik des Glücks

Mit dem Wort Glück hat man im Deutschen Pech: Alleinstehend ist seine Bedeutung nicht eindeutig. So kann es im Sinne des „Glückhabens" oder im Sinne des „Glücklichseins" genutzt werden. Ersteres bezeichnet das zufällige Geschehen, das dem Menschen von außen widerfährt (Hörisch, 2011). Letzteres meint hingegen den subjektiven Zustand des glücklichen Menschen. Auf den ersten Blick mag diese Unterscheidung klar und eindeutig sein, allzu oft jedoch rücken beide Deutungen zu nahe aneinander. Viele Menschen sind der Meinung, dass man nur dann glücklich sein kann, wenn man Glück hat: Glück in der Liebe, Glück im Lotto oder wenn man zufällig zur richtigen Zeit am richtigen Ort ist. Im Umkehrschluss würde dies bedeuten, dass man nicht glücklich sein kann, wenn man kein (Zufalls-)Glück oder laufend Pech hat. Wie wir sehen werden, ist der Mensch sehr wohl zu einem signifikanten Teil seines eigenen Glückes Schmied – egal, ob er Glück oder Pech hat.

Andere Sprachen halten einen größeren Vorrat an Glücksbegriffen parat. Im Englischen wird das Lebensglück in der Regel als „happiness" bezeichnet. Es ist klar, dass damit nicht das Zufallsglück gemeint ist. Etymologisch stammt das Wort „happiness" von „hap", das im Altnordischen als „happ" für „Zufall" steht. Diese ursprüngliche Bedeutung wurde inzwischen zugunsten der Bedeutung des menschlichen Wollens und Fühlens zurückgedrängt. Für das Zufallsglück gibt es ein eigenes Wort: „luck". Das Adjektiv „happy" ist übrigens gegenüber dem Substantiv „happiness" semantisch schwächer. Dies bedeutet, dass damit kein tiefes Glücksgefühl ausgedrückt wird, sondern eher eine Zufriedenheit mit etwas Gutem (Gohrisch, 2011). Der Begriff „happiness" wird im Englischen insbesondere in der Forschung häufig durch den Begriff „subjective well-being" ersetzt, der in den Augen vieler Wissenschaftler korrekter und angesichts der Übernutzung des Wortes „happiness" nicht zuletzt in der Werbung und als Marketingschlagwort zudem als „seriöser" erscheint.

Die chinesische Sprache bietet eine noch größere Vielzahl an „Glücksbegriffen". Das Wort „fu" (福) steht für das erreichte materielle und soziale Glück. Mit „le" (乐) wird andauernde Beglückung, eher im Sinne von Fröhlichkeit ausgedrückt. Während heute zu chinesischen Festtagen wie beispielsweise dem Chinesischen Neujahr allerlei Ritualen gefolgt wird, um das „fu"-Glück, welches tugendhaftes Verhalten voraussetzt (Schmidt-Glintzer, 2011), nicht abzuschrecken, ist das „le"-Glück auch Bestandteil von diversen Markennamen. In diesem Zusammenhang herausragende Übersetzungen westlicher Markennamen in das Chinesische unter Berücksichtigung von Phonetik und Semantik sind beispielsweise „Coca Cola" (可口可乐 (kekou kele) – „Schmeckt gut und

1.1 Die Semantik des Glücks

macht glücklich"), „Pepsi" (百事可乐 (baishi kele) – „100 Dinge, die glücklich machen") und „Lay's" (乐事 (leshi) – „Fröhliche Dinge; Vergnügen").

Zur eindeutigen Festlegung der tieferen Bedeutung des Glücks und seiner verschiedenen Ausprägungen wird mangels einer differenzierten Auswahl an passenden Begriffen im Deutschen immer wieder auf das Griechische zurückgegriffen. Mit dem Begriff der „Eudaimonie" erfolgt eine Abkehr von einer rein äußerlichen Auffassung des Glücks. Er wird im Alltag häufig in der aristotelischen Auffassung im Sinne eines guten Lebens und guten Handelns genutzt (Lauster, 2011). Wie wir später sehen werden, steht diese Form des Glücks im Arbeitsleben in direktem Zusammenhang mit der Sinnhaftigkeit der Arbeit, der man Tag für Tag nachgeht und dem Purpose (Daseinszweck) eines Unternehmens. Darüber hinaus gibt es das hedonistische Glück, welches Genuss verspricht und sich den Sinnesfreuden widmet. In diesem Zusammenhang spielt der Konsum von Produkten und Dienstleistungen, für deren Bereitstellung Millionen Menschen Tag für Tag arbeiten, eine wichtige Rolle.

Merkmale von Hedonismus und Eudaimonie
Hedonismus und Eudaimonie wurden in den vergangenen Jahrtausenden von zahlreichen Philosophen interpretiert. Heute können Hedonismus und Eudaimonie unter anderen durch folgende Merkmale charakterisiert werden:

- Hedonismus: Fokus auf Befriedigung eigener Bedürfnisse; egoistisch; Freude, Vergnügen, Genuss und Lust orientiert; Abwesenheit von Leid; an materiellen Gütern orientierte Lebenseinstellung; tendenziell flüchtig
- Eudaimonie: Fokus auf eine gelungene, gute Lebensführung; Orientierung am größeren Ganzen; werteorientiertes Handeln als Lebenseinstellung; trägt zu persönlichem Wachstum bei; tendenziell langfristige Dimension des Glücks

Hedonismus und Eudaimonie schließen sich nicht gegenseitig aus, sondern sind komplementär (Huta, 2015).

Egal in welcher Sprache von Glück gesprochen wird, die Bedeutung des Begriffs, der in einer Sprache für die Beschreibung des Glücklichseins genutzt wird, wird kaum die genaue Bedeutung eines übersetzten Begriffs treffen. Für unsere Zwecke werden wir „Glück" und „Happiness" sowie „subjektives Wohlbefinden" synonym einsetzen. Wir werden „Glück" insbesondere unterscheiden nach dem hedonistischen Glück und der Eudaimonie. Auch wenn dies linguistisch und philosophisch grob vereinfachend sein mag, so ist es eine praktikable Herangehensweise für unsere Zwecke. Für eine differenzierte Beschäftigung mit dem Glück in allen seinen Facetten gibt es seit Jahrtausenden unendlich viele Publikationen.

„United Nations International Day of Happiness"
Seit 2013 wird weltweit am 23. März jedes Jahres der „United Nations International Day of Happiness" begangen. Er wurde im Bewusstsein geschaffen, dass das Streben nach Glück ein universelles, fundamentales Ziel des Menschen ist.
Die offizielle Website des „UN International Day of Happiness" ist unter https://www.un.org/en/observances/happiness-day zu finden. Unter https://worldhappiness.report/ finden Sie jedes Jahr die neueste Ausgabe des an diesem Tag publizierten „World Happiness Reports", in dem unter anderen ein Ranking der „glücklichsten Länder der Welt" zu finden ist.

1.2 Ausprägungen des Glücks

Berufstätige verbringen jeden (Arbeits-)Tag mindestens die Hälfte ihrer Wachzeit damit, zu arbeiten. Die Vorstellung, während dieser Zeit glücklich und zufrieden sein zu können, war noch im vergangenen Jahrhundert im Wirtschaftswunderdeutschland verwegen: Arbeiten war Mittel zum Zweck. Irgendwie muss man Geld verdienen, um die Lebenshaltungskosten bestreiten zu können. Die Freizeit versprach dann das Glück, welches man sich durch seine fleißige Tätigkeit erarbeitet hatte.

Diese Sichtweise begann sich zu Beginn des Jahrtausends immer stärker zu ändern. Insbesondere die neuen Internetunternehmen aus dem Silicon Valley wie *Google, LinkedIn, Salesforce* und weitere verstanden es, zumindest nach außen einen Paradigmenwechsel zu propagieren. Bei *Google* wurde das Achtsamkeitstraining „Search Inside Yourself" populär, der CEO von *LinkedIn*, Jeff Weiner, ließ sich zum Thema „Conscious Business" beraten und bei *Salesforce* wurden weltweit in Büros Meditationsräume eingerichtet. Ein in Deutschland weniger bekanntes, aber umso inspirierenderes Unternehmen, ist *Zappos*, ein auf Schuhe und Modeartikel spezialisierter US-amerikanischer Onlineshop.

Tony Hsieh, der ehemalige CEO von *Zappos.com, Inc.*, griff bei der Gestaltung der Unternehmenskultur auf Grundideen der Glücksforschung zurück: In seinem Bestseller „Delivering Happiness – A Path to Profits, Passion, and Purpose" beschreibt er ausführlich, wie unter anderen „Pleasure" (Freude) und „Higher Purpose" (übergeordneter Zweck) zum Unternehmenserfolg beitragen (Hsieh, 2010). Zu Beginn der Unternehmung wusste niemand, ob es überhaupt möglich sein würde, ein Produkt wie Schuhe über das Internet zu verkaufen – schließlich ist es nicht einfach, das perfekte Paar ohne Anprobieren zu finden. Erst das Versprechen eines kostenlosen Versands beliebig vieler Schuhpaare und der Möglichkeit, diese innerhalb von 365 Tagen wiederum kostenfrei zurückschicken zu können, machte *Zappos* populär. Tony Hsieh erschuf als Pionier basierend auf Prinzipien des Glücks nicht nur eine außergewöhnliche Unternehmenskultur, sondern

1.2 Ausprägungen des Glücks

auch eine außergewöhnliche Kundenloyalität. Er generierte damit auch finanzielle Werte: 2009 übernahm *Amazon Zappos* für rund 928 Mio. US$ (Lacy, 2009). In seinem Unternehmen wie auch in seinem Buch wies er darauf hin, dass Glück in der Regel falsch gedacht wird: Viele Menschen suchen in ihrem Leben laufend nach dem hedonistischen Glück („Pleasure"), dem „Rock Star"-Glück, der Jagd nach dem nächsten „High", wie er schreibt. Die stetige Jagd nach dieser Form des Glücks ist jedoch müßig, anstrengend und möglicherweise sogar tödlich, wie die Mitglieder des „Club 27", also der Rockstars, die mit 27 Jahren starben, erfahren mussten: Jimi Hendrix, Janis Joplin, Brian Jones, Jim Morrison, Amy Winehouse, Kurt Cobain. Auch wenn diese Form des Glücks verhältnismäßig schnell erreicht werden kann (eine rauschende Party), so verschwindet der Glücksimpuls auch relativ schnell wieder (möglicherweise sogar mit Kopfschmerzen am nächsten Tag).

Hsieh erkennt im „Higher Purpose" des Lebens (und Arbeitens) die Form des am längsten anhaltenden Glücks. Teil von etwas zu sein, das größer ist als man selbst, trägt zu diesem nachhaltigen Glück bei. Wer beispielsweise einmal eine Wohltätigkeitsveranstaltung organisiert hat, regelmäßig Blut spendet, einige Zeit als Schülerlotse Schulkindern über die Straße geholfen oder sich anderweitig engagiert hat, füllt sein Leben mit Sinnhaftigkeit. Dies kann zu einem länger anhaltenden, stärkeren Glücksimpuls führen. Für Hsieh ist die Kombination aus beiden Formen des Glücks entscheidend – im Leben und während der Arbeit (Hsieh, 2010, S. 237). Abb. 1.1 zeigt entsprechend, wie er Hedonismus und Eudaimonie im Kontext der Unternehmenskultur von *Zappos* eingeordnet hat.

▶ **Definition Glück**
Die Kombination aus Freude und Sinnhaftigkeit führt uns zu einer praktikablen und bekannten Definition von Glück, wie sie von Martin E.P. Seligman, dem Pionier der Positiven Psychologie, entwickelt wurde (Seligman, 2002, S. 409–411). Ein glückliches Leben ist demnach eine Kombination aus einem…

… angenehmen Leben, das darin besteht, so viele Freuden wie möglich zu haben und dabei die Fähigkeiten zu besitzen, diese Freuden zu verstärken.

… guten Leben, das darin besteht, seine Stärken zu kennen und dann Arbeit, Liebe, Freundschaft, Freizeit und Kindererziehung entsprechend zu gestalten, um diese Stärken zu nutzen und so stärker in den „Flow" des Lebens zu kommen.

… sinnvollen Leben, das darin besteht, seine Stärken in den Dienst von etwas zu stellen, das größer ist als man selbst.

Nachdem wir nun wissen, was Glück sein kann, welche Bestandteile es haben kann und dass sich Unternehmer offensichtlich Gedanken dazu machen, wollen

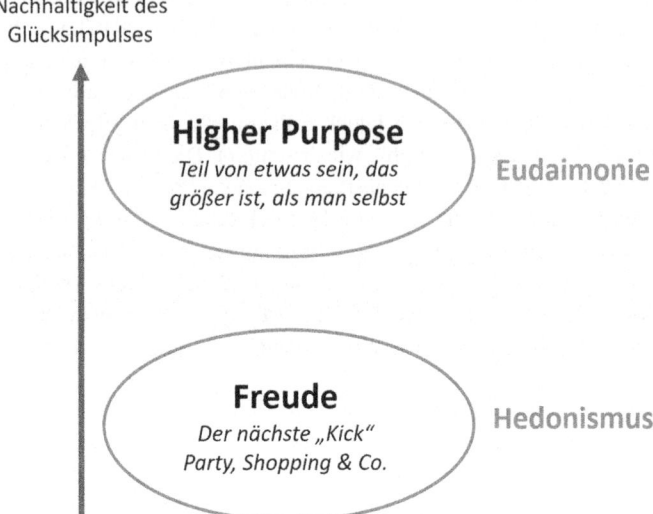

Abb. 1.1 Unterscheidungsmöglichkeit Freude und höherer Sinn. (Quelle: eigene Darstellung)

wir uns im Folgenden der Frage widmen, inwiefern das persönliche Glück von außen gegeben ist oder inwiefern wir es selbst beeinflussen können.

1.3 Des Glückes Schmied

Ein Kernthema der Glücksforschung ist die Frage nach der Beeinflussbarkeit des persönlichen individuellen Glücks. Inwiefern ist dies möglich und wenn ja, wie und zu welchem Grad? Die Anzahl der Studien zu diesem Thema ist unüberschaubar geworden. Die wohl bekannteste Studie soll hier kurz vorgestellt werden. 2005 veröffentlichte Sonja Lyubomirsky von *der University of California, Riverside* zusammen mit Kennon M. Sheldon *(University of Missouri – Columbia)* und David Schkade *(University of California, San Diego)* das Forschungspaper „Pursuing Happiness: The Architecture of Sustainable Change" (Lyubomirsky et al., 2005), welches wohl das berühmteste Kuchendiagramm der Glücksforschung enthält. Bevor Sie weiterlesen: bitte gehen Sie davon aus, dass die darin enthaltenen Zahlen nicht genau so stimmen – im Zweifel nicht einmal annäherungsweise.

1.3 Des Glückes Schmied

Sonja Lyubomirsky veröffentlichte 2019 zusammen mit Kennon M. Sheldon ein wichtiges Paper, in dem sie selbst darauf hinweisen, dass die Zahlen und sogar die drei vorgestellten Komponenten nicht als der Weisheit letzter Schluss gesehen werden sollten (Sheldon & Lyubomirski, 2019). Trotzdem lohnt es sich, das Diagramm kennenzulernen; In der Wissenschaft werden schließlich immer wieder gewonnene Erkenntnisse hinterfragt – nur so bringt man Forschung und Wissen voran und kommt zu neuen Erkenntnissen.

Kurzreflexion

Nehmen Sie sich 10 Minuten Zeit und beantworten Sie kurz folgende Fragen – am besten schriftlich:

- Was macht Sie glücklich? Notieren Sie Stichworte verteilt auf ein Blatt Papier.
- Überlegen Sie, wie Sie die notierten Worte gruppieren können.
- Wie lassen sich die Gruppierungen charakterisieren und was sagen sie darüber aus, was Sie glücklich macht?◄

Das Kuchendiagramm (siehe Abb. 1.2) hält eine gute und eine weniger gute Nachricht bereit. Die gute Nachricht ist, dass das individuelle Glück einer Person von dieser Person durch absichtliche, bewusste Aktivitäten beeinflusst werden kann. Die weniger gute Nachricht ist, dass ein Teil des individuellen Glücks durch einen individuellen „Happiness Set Point" vorgegeben ist. Dieser sei „genetisch bestimmt und es wird angenommen, dass er fix, über die Zeit stabil und immun gegen Einflüsse und Kontrolle ist."[1] schreiben Lyubomirsky et al. (2005, S. 116). Diese Erkenntnis basiert auf Rückschlüssen aus entsprechenden Studien mit eineiigen und zweieiigen Zwillingen. Themen wie neuronale Plastizität und Epigenetik wurden hier nicht berücksichtigt.[2] Im von Sonja Lyubomirsky und ihren Mitautoren vorgeschlagenen „Sustainable Happiness Model" (SNH) sind die genetischen Grundlagen fix.

Zurück zu der guten Nachricht: In gewisser Weise kann jeder Mensch seines eigenen Glückes Schmied sein. Durch bewusste, absichtliche Aktivitäten sind wir in der Lage, auf unser kurzfristiges und längerfristiges Glücksempfinden Einfluss

---

[1] Im Original: „The happiness Set point is genetically determined and is assumed to be fixed, stable over time, and immune to influence or control." (Lyubomirsky et al., 2005, S. 116).
[2] Neuroplastizität bezeichnet die Tatsache, dass sich neuronale Netze im Gehirn entsprechend ihrer Nutzungsintensität im Laufe des gesamten Lebens verändern können. Bei der Epigenetik geht es um Veränderungen von Genaktivitäten, die durch Umwelteinflüsse erfolgen können.

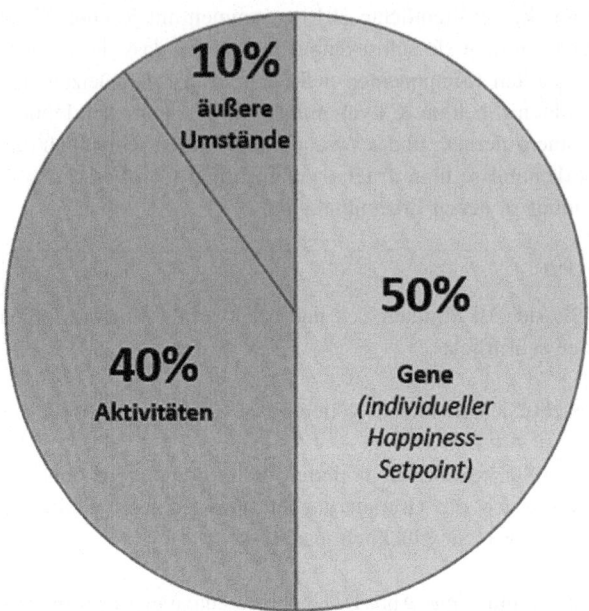

Abb. 1.2 Determinanten des Glücks – das berühmteste Kuchendiagramm der Glücksforschung. (Quelle: Lyubomirsky et al., 2005, eigene Übersetzung und Darstellung)

zu nehmen. Kurzfristig kann dies zum Beispiel durch ein Eis an einem heißen Sommertag oder ein Abendessen mit Freunden (und Wein) geschehen; längerfristig beispielsweise durch soziales Engagement oder einen Beruf, der einen mit Sinn erfüllt. Hedonismus und Eudaimonie sind beides Elemente des Glücks, die eben nicht unveränderbar sind, sondern durch unsere Aktivitäten „geweckt" werden können. Im SNH wird dabei zwischen einer Verhaltensaktivität und einer kognitiven Aktivität unterschieden (Lyubomirsky et al., 2005, S. 118). Als Beispiel für eine kognitive Aktivität könnte das „Reframing" (Umdeutung) einer Herausforderung oder Situation gelten („Scherben bringen Glück!" anstatt „Ohje, jetzt ist das Familienerbstück kaputt!").

Darüber hinaus tragen äußere Umstände zum subjektiven Wohlbefinden einer Person bei. Hierzu zählen unter anderen die geographische und kulturelle Herkunft, demographische Faktoren wie Alter, Geschlecht und ethnische Zugehörigkeit, persönliche Lebenserfahrungen, die auch Traumata umfassen kann sowie

Einkommen, Gesundheit, Beschäftigungsstatus, Sicherheit des Arbeitsplatzes und nicht zuletzt der Familienstand (Lyubomirsky et al., 2005, S. 117).

Abb. 1.2 können Sie eine prozentuale Gewichtung der drei wichtigsten Einflussfaktoren auf das individuelle Glück entnehmen: Demnach werden 50 % eines Glücksstatus durch die Gene bestimmt, 40 % durch eigenes Handeln und 10 % durch die beschriebenen äußeren Umstände. In der Erstveröffentlichung dieser Zahlen werden diese wissenschaftlich gemäß dem Stand der damaligen Forschung begründet. Und trotzdem: am besten vergessen Sie die genauen Zahlen wieder, denn sie lassen sich weder im Allgemeinen noch im individuellen Fall so eindeutig feststellen. Die drei Segmente sind darüber hinaus nicht eindeutig trennscharf – und sie lassen sich nicht in gleichem Maße aufaddieren. Brown und Rohrer (2020) führen in ihrem (vorab im Internet veröffentlichten) Paper „Easy as (Happiness) Pie? A Critical Evaluation of a Popular Model of the Determinants of Well-Being" so viele kritische Punkte an, dass Sheldon und Lyubomirski (2019) in dem bereits erwähnten eigenen Paper auf diese Punkte antworteten. Sie kommen darin zum Schluss, dass „we – and the field of well-being science – have come a long way since the Sustainable Happiness Model and pie chart were proposed. Although the pie chart part may have outlived its usefulness, we stand behind the central premise of the SHM, and the supportive research it spawned. Happiness can be successfully pursued, but it is not 'easy.'" (Sheldon & Lyubomirski, 2019, S. 9).

Das vorgestellte Kuchendiagramm hat nichtsdestoweniger aufgrund seiner Einfachheit einen nicht zu unterschätzenden Beitrag zur Popularität des Themas Glück auch in Unternehmen geleistet. Darüber hinaus hat es viele Forscher dazu inspiriert, sich Einzelaspekte genauer anzusehen. Trotz der bestehenden Kritik: Nehmen Sie die Idee der beschriebenen drei Einflussbereiche auf das Glück (entspannt) auf. Denn tatsächlich steckt in ihnen ein großes Körnchen Wahrheit, und sie können helfen, sich im Glücksdschungel besser zurechtzufinden. Sie führen einem vor Augen, dass man sich nicht seinem Schicksal ergeben muss, sondern tatsächlich das Glück selbst beeinflussen kann. Andererseits sollte man sich dabei Verbissenheit sparen, denn tatsächlich wird das subjektive Wohlbefinden zu einem gewissen Grad auch durch Prädisposition und nicht beeinflussbare äußere Umstände determiniert.

> **Weiterführung der Kurzreflexion**
>
> Betrachten Sie die Ergebnisse ihrer Selbstreflexion vom Beginn des Kapitels nun noch einmal vor dem Hintergrund des Kuchendiagramms. Welche Elemente können Sie durch entsprechende Aktivitäten leicht umsetzen? Welche

Abb. 1.3 Typische Wortwolke von Studierenden (2021) auf die Frage „What makes you happy?" (Quelle: eigene Darstellung)

sind Ihnen besonders wichtig, erfordern aber etwas mehr Engagement? Welche sind durch äußere Umstände bestimmt? Und gibt es welche, die tatsächlich unveränderlich sind?

Vielleicht fällt Ihnen noch etwas auf: Wenn Sie ähnlich denken wie die Studierenden des „Success Factor Happiness"-Kurses an der Munich Business School, dann werden auch Sie eine Sammlung von Dingen haben, die Sie glücklich machen, die zum größten Teil nicht mit Geld zu kaufen sind (siehe Abb. 1.3) – was wiederum eine sehr wertvolle Inspiration sein kann.◄

1.4 „Happiness at Work" und warum ein Tischkicker nicht automatisch glücklich macht

Was kann nun zum Glück bei der Arbeit beitragen? Hierzu gibt es wiederum zahllose Untersuchungen, auch wenn die Vorstellung, während der Arbeitszeit glücklich sein zu können/wollen/dürfen in vielen Unternehmen noch nicht Einzug gehalten hat. Anstatt eine zwangsläufig unvollständige Liste der Ergebnisse zu präsentieren, soll im Folgenden ein kompakter Rahmen vorgestellt werden, der dabei hilft, selbst eine Einordung von potenziellen „Glücksfaktoren" im Arbeitskontext vorzunehmen. Der dänische Autor und Berater Alexander Kjerulf schlägt

1.4 „Happiness at Work" und warum ein Tischkicker nicht automatisch ...

hierzu die Unterscheidung zwischen „Job satisfaction" (Zufriedenheit mit der Arbeit) und „Happiness at Work" (Glücklichsein bei der Arbeit) vor.

Eine praktikable Möglichkeit, Arbeitszufriedenheit und Glücklichsein bei der Arbeit zu unterscheiden, basiert auf zwei Kernfragen (siehe auch Abb. 1.4):

1. Die zentrale Frage in Bezug auf die Arbeitszufriedenheit ist: „Wie **denken** Sie über Ihre Arbeit?"
   - Sind Sie mit Ihrem Gehalt zufrieden?
   - Gibt es Zusatzleistungen wie Firmenhandy, Fitnessstudiogutscheine, kostenloses Kantinenessen, Weihnachtsgeld oder ähnliches?
   - Wie sicher ist der Arbeitsplatz?
   - Sind die Büros zeitgemäß eingerichtet?
   - Und: gibt es einen Tischkicker und guten Kaffee in der Kaffeeküche?

   Für die Beantwortung dieser Fragen sind letztendlich immer das Unternehmen und der Chef verantwortlich – nicht man selbst. All diese Elemente können zur Zufriedenheit mit der Arbeit beitragen. Auch wenn man zufrieden ist, heißt dies jedoch nicht, dass man gleichzeitig auch glücklich bei der Arbeit ist – obwohl das Gehalt stimmt und es einen Tischkicker und guten Kaffee gibt. Dies ist mit ein Grund dafür, dass Arbeitszufriedenheit kaum mit Produktivität korreliert.

2. Die zentrale Frage in Bezug auf das Arbeitsglück hingegen lautet: „Was **fühlen** Sie bezüglich Ihrer Arbeit?"
   - Wie sehr erfüllt Sie Ihre Arbeit?

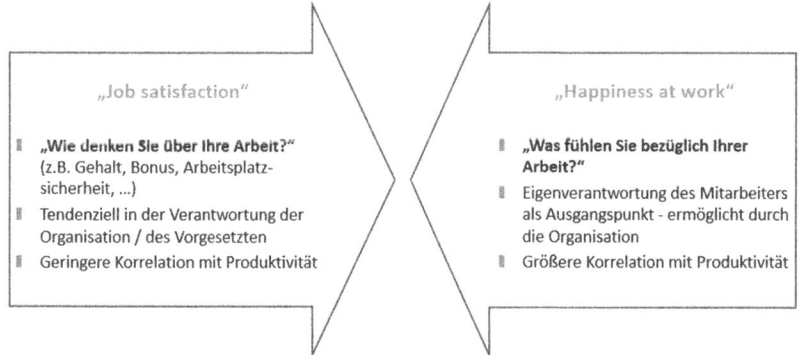

Abb. 1.4 Arbeitszufriedenheit und Glück bei der Arbeit. (Quelle: eigene Zusammenstellung)

- Können Sie sich mit den Aufgaben und Zielen, an denen Sie jeden Tag arbeiten, identifizieren?
- Tragen Unternehmenskultur und Kollegen dazu bei, dass Sie sich während des Arbeitstages wohlfühlen?
- Haben umgekehrt auch Sie die Möglichkeit, Arbeitskultur und Arbeitsergebnisse mitzugestalten?

Für alle diese Themen ist nicht unbedingt das Unternehmen verantwortlich, sondern es ist der Mitarbeiter selbst. Das Unternehmen dient als „Ermöglicher", die Umsetzung der Möglichkeiten liegt jedoch zumindest im originären Ansatz in der eigenen Verantwortung. Wer feststellt, dass ihn die Arbeit nicht erfüllt, wird auch durch eine gute Bezahlung oder den Bürotischkicker nicht motivierter werden. Möglicherweise ist sogar ein anderes Unternehmen das richtige Unternehmen für einen. Arbeitsglück korreliert im Gegensatz zu Arbeitszufriedenheit eindeutiger mit der eigenen Produktivität.[3]

Unternehmen, die stolz auf die Vergünstigungen und „Perks" verweisen, die sie ihren Mitarbeiterinnen und Mitarbeitern anbieten, wenn sie nach dem Thema „Happiness at Work" gefragt werden, greifen also deutlich zu kurz. Diese tragen nicht wirklich zum nachhaltigen Glück der Mitarbeiterinnen und Mitarbeiter bei. Diesen Erkenntnisprozess ist auch *Google* durchlaufen. Wer noch in den 2000er Jahren die Zentrale des Konzerns in *Mountain View* im *Silicon Valley* besucht hat, bekam ausführlich all die Hygienefaktoren gezeigt, für die *Google* als Arbeitgeber in den ersten Jahren bekannt war: Fitnessstudio, Snackschränke, Kantine mit Gerichten aus den wichtigsten Herkunftsländern der Mitarbeiterinnen und Mitarbeiter. Seit dem Start im Jahre 2007 wurde auch gerne über das „Search Inside Yourself"-Trainingsprogramm bei *Google* berichtet. Der Softwareentwickler und Google-Angestellte Nummer 107, Chade-Meng Tan, hatte dieses Achtsamkeitstraining für die *Google*-Angestellten entwickelt. Binnen weniger Jahre hatten sich tausende Entwickler und andere *Google*-Angestellte mit Themen wie Achtsamkeit, Mitgefühl und Dankbarkeit vertraut gemacht. Seit 2012 werden die Inhalte

---

[3] Der eine oder andere wird sich bei dieser Unterscheidung an die „Zwei-Faktor-Theorie" des Psychologen und Arbeitswissenschaftlers Frederick Herzberg erinnert fühlen. Dieser unterscheidet zwei Arten der Einflussgrößen auf die Zufriedenheit bei der Arbeit: Hygienefaktoren (wie zum Beispiel das Gehalt) und Motivatoren (wie zum Beispiel die Arbeitsinhalte). Kjerulf lehnt seine Unterscheidung nicht gezielt an dieser Theorie an und konzentriert sich auf die zwei zu stellenden Schlüsselfragen. Herzbergs Theorie ist auch nicht frei von Kritik, beispielsweise, was die Zuordnung von Einflussfaktoren als Hygienefaktoren oder Motivatoren betrifft.

des Trainings auch außerhalb des Unternehmens in inzwischen über 50 Ländern angeboten.

Während noch vor wenigen Jahren also Begriffe wie „Achtsamkeit" und „Mitgefühl" im Arbeitsalltag nicht wirklich ernst genommen wurden, gehören sie heute zum alltäglichen Sprachgebrauch erfolgreicher Manager, Führungskräfte sowie Arbeitnehmerinnen und Arbeitnehmer. In den folgenden Kapiteln werden die Kernelemente hinter den Begriffen vorgestellt und Sie erfahren, welchen Beitrag diese zu einem glücklicheren Arbeitsalltag leisten können. Darüber hinaus werden einige Übungen vorgestellt, die im Arbeitsalltag problemlos praktiziert werden können.

Ihr Transfer in die Praxis

- Sprechen Sie mit Mitarbeiterinnen und Mitarbeitern darüber, was sie glücklich bei der Arbeit macht. Sortieren Sie dabei nach den Punkten, die zur Zufriedenheit genannt werden und denjenigen, die das Glück bei der Arbeit betreffen.
- Überlegen Sie, welchen Beitrag Sie zum Glück der Kolleginnen und Kollegen leisten können. Unterscheiden Sie dabei zwischen den verschiedenen Arten des Glücks.
- Überlegen Sie, inwiefern Ihre Arbeit zu Ihrer persönlichen Zufriedenheit und zu Ihrem Glück beiträgt. Machen Sie sich klar, bei welchen Elementen eine Veränderung/Verbesserung in Ihrer Hand ist.
- Diskutieren Sie mit Mitarbeiterinnen und Mitarbeitern inwiefern das Unternehmen stärker zu Eudaimonie und damit zum längerfristigen, tieferen Glück beitragen könnte.
- Planen Sie passende Aktivitäten für den „UN International Day of Happiness" am 23. März in Ihrem Unternehmen.◄

Literatur

Brown, N., & Rohrer, J. (2020). Easy as (Happiness) pie? A critical evaluation of a popular model of the determinants of well-being. *Journal of Happiness Studies, 21,* 1285–1301. https://doi.org/10.1007/s10902-019-00128-4.

Gohrisch, J. (2011). Glück im Englischen. In D. Thomä, C. Henning, & O. Mitscherlich-Schönherr (Hrsg.), *Glück – Ein interdisziplinäres Handbuch* (S. 15). J.B. Metzler.

Hörisch, J. (2011). Glück im Deutschen. In D. Thomä, C. Henning, & O. Mitscherlich-Schönherr (Hrsg.), *Glück – Ein interdisziplinäres Handbuch* (S. 13–14). J.B. Metzler.

Hsieh, T. (2010). *Delivering happiness – A path to profits, passion, and purpose*. Hachette Book Group.

Huta, V. (2015). The complementary roles of eudaimonie and hedonia and how they can be pursued in practice. In J. Stephen (Hrsg.), *Positive psychology in practice: Promoting human flourishing in work, health, education, and everyday life* (S. 159–182). Wiley. https://doi.org/10.1002/9781118996874.ch10.

Lacy, S. (2009). *Amazon Buys Zappos; The Price is $928m., not $847m.* https://techcrunch.com/2009/07/22/amazon-buys-zappos/.

Lauster, J. (2011). Glück im Griechischen. In D. Thomä, C. Henning, & O. Mitscherlich-Schönherr (Hrsg.), *Glück – Ein interdisziplinäres Handbuch* (S. 11). J.B. Metzler.

Lyubomirsky, S., Sheldon, K., & Schkade, D. (2005). Pursuing happiness: The architecture of sustainable change. *Review of General Psychology, 9*(2), 111–131.

Power, R. (2016). *10 reasons why it is important create a happy workplace.* https://www.inc.com/rhett-power/10-reasons-why-it-is-important-create-a-happy-workplace.html.

Schmidt-Glintzer, H. (2011). Glück im Chinesischen. In D. Thomä, C. Henning, & O. Mitscherlich-Schönherr (Hrsg.), *Glück – EIn interdisziplinäres Handbuch* (S. 23–24). J.B. Metzler.

Seligman, M. (2002). *Der Glücks-Faktor – Warum Optimisten länger leben*. Bastei Lübbe GmbH & Co. KG.

Sheldon, K., & Lyubomirski, S. (2019). Revisiting the sustainable happiness model and pie chart: Can happiness be successfully pursued? *The Journal of Positive Psychology*, 1–10. https://doi.org/10.1080/17439760.2019.1689421.

Achtsamkeit, Mitgefühl und Dankbarkeit als Glücksfaktoren im Arbeitsalltag

2

> **Was Sie aus diesem Kapitel mitnehmen**
> - Wie Achtsamkeit Freiheit bei Entscheidungen schafft
> - Wie Achtsamkeit als Fernbedienung für das Nervensystem dient
> - Was die größten Herausforderungen für die Einbindung von Achtsamkeit in den Arbeitsalltag sind und wie sie überwunden werden können
> - Warum Mitgefühl wirkmächtiger als Empathie ist
> - Welche Stufen zum Handeln mit Mitgefühl gehören
> - Wie Handeln mit Mitgefühl im Arbeitsalltag zum Erfolg beiträgt
> - Wie Dankbarkeit das persönliche Glück beeinflusst
> - Warum Dankbarkeit häufig mit falschen Erwartungen verbunden ist
> - Wie Dankbarkeit im Arbeitsalltag auf vielfältige Weise ausgedrückt werden kann

Glück und Wohlbefinden können auf vielfache Art und Weise Einzug in den Arbeitsalltag halten. Wie wir bereits gesehen haben, kann sogar jeder selbst einen Beitrag dazu leisten. Auch wenn Forscher inzwischen eine ganze Reihe von Faktoren zur Steigerung des subjektiven Wohlbefindens, Senkung von Stress und Stärkung von Resilienz identifizieren konnten, wollen wir uns im Rahmen dieses Quick Guides auf drei immer wiederkehrende „Glücksfaktoren" konzentrieren: Achtsamkeit, die gleichzeitig die Grundlage für die meisten weiteren Faktoren ist, Mitgefühl, das im Managementkontext häufig als „zu weicher" Faktor abgetan und damit übersehen wird, sowie Dankbarkeit bzw. Wertschätzung, deren Ausdruck im stressigen Arbeitsalltag tatsächlich gerne untergeht.

2.1 Achtsamkeit im Arbeitsalltag

Spätestens mit der Coronavirus-Pandemie und den damit verbundenen Einschränkungen erreichte der Achtsamkeits-Boom in Deutschland einen Höhepunkt: Millionen Menschen machten ihre ersten Schritte in Richtung eines achtsamen Lebens und Handelns indem sie weltweit online an „Mindfulness Trainings" teilnahmen, sich bei „Mindfulness Events" in die Wohnzimmer derjenigen einwählten, die normalerweise auf Bühnen vor tausenden von Zuhörerinnen und Zuhörern sprechen, oder indem sie „Mindfulness Apps" ausprobierten und deren Anbietern zu Milliardenbewertungen verhalfen. Achtsamkeit ist ein zentraler Baustein eines glücklichen Lebens. Ihre Hintergründe sind vielfältig und so werden wir im Folgenden uns auch damit befassen, wie die Mechanismen unseres Nervensystems funktionieren, um die Wirkungsweise von Achtsamkeitspraktiken besser verstehen zu können.

2.1.1 Das eigene Leben verpassen und der Moment in der Zeit

Beginnen wir unseren Einblick in die Details des Themas Achtsamkeit mit einer kleinen Selbstreflexion: Angenommen, Sie würden im Laufe eines Tages immer wieder kurz bei dem, was Sie gerade machen, unterbrochen werden, und jemand würde Sie fragen: „Wo sind Deine Gedanken gerade? Bei dem, was Du gerade machst oder sind sie irgendwo anders?" Wie oft würden Sie wohl sagen, dass Sie mit Ihren Gedanken gerade ganz woanders sind?

Wenn dies in 46,9 % der Unterbrechungen der Fall ist, dann liegen Sie genau im Durchschnitt der von Killingsworth und Gilbert (2010) immer wieder befragten 2250 Erwachsenen.[1] Wir können demnach davon ausgehen, dass wir knapp die Hälfte der Arbeitszeit mit unseren Gedanken woanders sind als bei der tatsächlich zu erfüllenden Aufgabe in dem tatsächlich uns umgebenden Umfeld. Wir sind nicht bei den Menschen, mit denen wir zu tun haben, könnten unsere Aufgabe fokussierter und damit zügiger und im Zweifel besser erledigen, sondern lassen uns von unseren Gedanken in eine Zeit transportieren, die entweder bereits vorbei ist oder noch kommen wird. Wir grübeln viel – mal flüchtig und kürzer,

---

[1] Die Studienteilnehmerinnen und -Teilnehmer wurden befragt, während Sie ihren Alltagstätigkeiten nachgingen, also nicht im Rahmen eines Laborexperiments. In letzterem wandern die Gedanken seltener (Killingsworth & Gilbert, 2010).

2.1 Achtsamkeit im Arbeitsalltag

mal tiefer und länger. Und dabei versteigen wir uns gedanklich in eine von zwei Richtungen: in die Vergangenheit oder in die Zukunft.

Wenn wir mit den Gedanken in der Vergangenheit sind, dann verbringen wir viel Zeit in einer Zeit, die längst vorbei ist und in der nichts mehr geändert werden kann – wobei unsere Erinnerungen an vergangene Erlebnisse auch noch verzerrt sind. Beispielsweise hatten Sie vielleicht einmal einen wunderbaren Urlaub mit perfektem Wetter, gutem Essen, schönen Ausflügen – nur auf der Rückreise ging etwas ungewöhnlich schief: Beim Ausparken aus dem Hotelparkplatz haben Sie ein anderes Auto angeschrammt und es musste die Polizei gerufen werden. Oder Sie hatten eine Panne auf der Rückfahrt. Oder beim Rückflug ging ein Koffer verloren und tauchte nie wieder auf. Was auch immer passiert ist: Sie werden denken, dass dieses Ereignis Ihnen den schönen Urlaub verdorben hat. Was es allerdings tatsächlich nicht hat, denn: Jeder einzelne Tag ihres Urlaubs war in dem Moment, in dem Sie ihn erlebt hatten, wunderbar gewesen. Doch in Ihrer Erinnerung sind diese Momente durch die Erfahrungen am letzten Tag deutlich getrübt und damit nicht mehr so, wie Sie sie wahrgenommen hatten.

Wenn unsere Gedanken in die Zukunft abwandern, dann verbringen wir viel Zeit in einer Zeit, die niemals so eintreten wird, wie wir sie uns ausdenken. Kein Mensch kann die Zukunft vorhersagen. Der zu einem zukünftigen Zeitpunkt erlebte Moment wird anders und vollständiger sein, als wir es uns ausdenken können. Natürlich können wir uns beispielsweise auf das Gespräch mit der Chefin oder dem Chef vorbereiten. Den Ablauf des Gesprächs, die Worte, die fallen werden, die Emotionen, die entstehen werden, können wir jedoch niemals genau vorhersagen. Und dennoch verbringen wir sehr viel Zeit damit, über die Zukunft nachzudenken.

Wenn unsere Gedanken in der Vergangenheit oder in der Zukunft sind, dann verpassen wir etwas Entscheidendes: nämlich genau den Moment, in dem unser Leben gerade stattfindet, das heißt: wir verpassen unser eigenes Leben (siehe Abb. 2.1). Es zieht unbemerkt Moment für Moment an uns vorbei. Unser erfah-

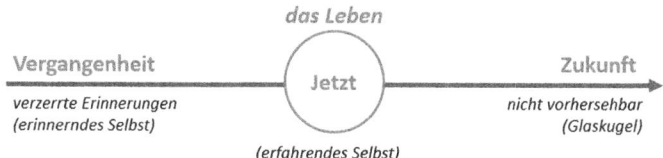

Abb. 2.1 Das Leben ist nur im Jetzt möglich. (Quelle: eigene Darstellung)

rendes Selbst, welches jeden dieser Momente erleben würde, wird von unserem erinnernden Selbst verdrängt. Der Nobelpreisträger und Psychologe Daniel Kahnemann nimmt als Dauer für einen Moment drei Sekunden an (Kahnemann & Riis, 2005). Während wir wach sind, erleben wir somit 20.000 Momente pro Tag – oder eben nicht. Die meisten dieser Momente vergehen einfach und verschwinden damit für immer. Das erfahrende Selbst ist nur von ausgesprochen kurzer Existenz. Das erinnernde Selbst hingegen ist relativ stabil und von längerer Existenz. Wir behalten in unserem Leben die Erinnerungen an unsere gemachten Erfahrungen. Die Erinnerungen sind damit die einzige Perspektive, die wir einnehmen können, um über unser Leben nachzudenken –unser tatsächliches Leben findet allerdings ausschließlich im Augenblick statt (Kahnemann & Riis, 2005, S. 286).

Denken Sie also daran, dass Sie niemals zwei Mal im gleichen Fluss stehen können: Das Wasser, welches vorbeifließt, wird nie wiederkommen. Ein Moment im Leben, egal ob er bewusst wahrgenommen wird oder nicht, wird ebenso nie wiederkommen. Sowohl während der Arbeit wie auch im Alltag besteht demnach die Herausforderung, zumindest einige der sich aneinanderreihenden Momente bewusst zu erleben. Insbesondere diejenigen Momente, in denen wir mit Kolleginnen und Kollegen sprechen, Verhandlungen führen, Präsentationen geben oder beispielsweise Entscheidungen treffen müssen. Praktizierte Achtsamkeit, wie wir sie in den folgenden Abschnitten kennenlernen werden, kann uns in vielen derartigen Situationen helfen, gut und sinnvoll zu handeln.

2.1.2 Achtsamkeit und das Schaffen von Handlungsfreiheit

Achtsamkeit scheint am wenigsten präsent zu sein, wenn man sie am meisten braucht. Wie der Psychologe Rick Hanson schreibt: Es ist relativ einfach, auf einem Kissen sitzend mit einer warmen Tasse Tee in der Hand, achtsam zu sein. Es ist deutlich schwieriger, wenn man gerade in einer stressigen oder emotional herausfordernden Situation steckt, beispielsweise während eines Streits (Hanson, 2018, S. 23, eigene Übersetzung). Im Arbeitsalltag lauern überall Ablenkungen, immer gäbe es etwas zu erledigen, das noch wichtiger wäre oder gerade mehr Spaß machen würde. Und schon sind unsere Gedanken wieder in der Vergangenheit, der Zukunft oder bei „Was-wäre-wenn" anstatt im Augenblick.

Die wohl bekannteste und am weitesten verbreitete Definition von Achtsamkeit stammt von Jon Kabat-Zinn. Dieser gilt weitgehend als der „Vater" der modernen Achtsamkeitsbewegung im Westen. Nachdem er am *Massachusetts Institute of Technology (M.I.T.)* in Molekularbiologie promoviert hatte, gründete er 1979 die *Stress Reduction Clinic* an der *University of Massachusets Medical School*. Das *Mindfulness Based Stress Reduction* (MBSR) Training, welches er dort entwickelte, ist heute das am weitesten verbreitete, medizinisch fundierte Achtsamkeitstraining. Diverse Studien konnten zeigen, dass das achtwöchige Training positive Effekte auf das subjektive Wohlbefinden der Teilnehmerinnen und Teilnehmer hat. Wie gesagt: Achtsamkeit wird hier aus einem rein medizinischen Blickwinkel betrachtet, frei von jeglicher potenziellen religiösen Komponente, wobei es natürlich jedem persönlich freisteht, diese für sich hinzuzufügen.

▶ **Definition Achtsamkeit**
Jon Kabat-Zinn definiert Achtsamkeit als das Gewahrsein, das entsteht, wenn wir unsere Aufmerksamkeit

- absichtlich
- auf den gegenwärtigen Moment richten,
- ohne zu urteilen

und zwar Moment für Moment (Kabat-Zinn, 1994, S. 4).

„Absichtlich" bedeutet, dass wir im Bewusstsein handeln, also nicht abgelenkt oder auf „Autopilot" sind. Ziel der Aufmerksamkeit ist der gegenwärtige Moment, wann auch immer und wie auch immer er sich gerade entfaltet. Mit „ohne zu urteilen" ist gemeint, zwar wahrzunehmen, dass wir laufend urteilen, aber nicht zu verurteilen, dass wir ständig Wertungen vornehmen: es ist zu warm oder zu kalt, eigentlich habe ich gerade besseres zu tun, das steife Genick nervt oder auch: es ist ausgesprochen schwierig, ohne Ablenkung einfach „nur" einen Moment im Leben wahrnehmen zu können. Rick Hanson schreibt dazu: „Das anhaltende Bewusstsein der Achtsamkeit im gegenwärtigen Moment ist einfach – vielleicht für ein oder zwei Atemzüge hintereinander." (Hanson, 2018, S. 24, eigene Übersetzung) Der Schlüssel besteht aber darin, achtsam zu *bleiben* – also nicht tagträumen, zu grübeln oder anders abgelenkt zu sein. Dies führt nachweislich dazu, Stress zu senken, die Gesundheit zu schützen und das subjektive Wohlbefinden (Glück) zu steigern (Hanson, 2018).

Die besondere Bedeutung von Achtsamkeit in Bezug auf unser Handeln wird beim Umgang mit äußeren Impulsen sichtbar. Ellen J. Langer, Professorin für Psychologie an der *Harvard University,* berichtet in diesem Zusammenhang von einem geradezu amüsanten Experiment an der Universität (Langer, 2015, S. 26). Das Forscherteam schickte dazu Hausmitteilungen an verschiedene Büros innerhalb der Universität. Die Hausmitteilung bestand lediglich aus der Bitte oder

Aufforderung, eben diese Hausmitteilung an ein bestimmtes Büro zurückzuschicken – sonst stand nichts weiter auf dem Papier (wir reden hier noch von Papierversionen einer Nachricht – nicht E-Mails…). Der Text lautete: „Bitte schicken Sie diese Hausmitteilung umgehend zurück in Zimmer 247" oder „Diese Hausmitteilung muss an Zimmer 247 zurückgeschickt werden." Die Hälfte der Hausmitteilungen wurde optisch so gestaltet, wie auch andere Hausmitteilungen an der Universität aussahen. Die andere Hälfte wurde leicht verändert. So oder so: Jeder, der diese Hausmitteilung mit Achtsamkeit lesen würde, würde sich fragen, warum er das Blatt Papier ohne weiteren Inhalt direkt wieder an den Absender zurückschicken sollte – und es anstatt dessen weglegen, wegwerfen oder telefonisch in Zimmer 247 nachfragen. Tatsächlich schickten 90 % der Empfängerinnen und Empfänger der optisch gleichen Hausmitteilung diese umgehend zurück, bei den leicht veränderten Hausmitteilungen (die offensichtlich etwas mehr Achtsamkeit erforderten), kamen 60 % zurück.

Unterscheidung zwischen „Human Being" und „Human Doing"
Das Beispiel der sinnfreien Hauspost beschreibt recht gut, dass der Mensch in der Arbeitswelt häufig kein „Human Being" (wie man im Englischen sagt) ist, sondern eher ein „Human Doing". Achtsame Momente können dazu beitragen, wieder mehr zu einem „Human Being" zu werden, indem wir das „Doing" pausieren. Nur durch das Pausieren des „Doing", wie kurz es auch sein mag, können wir überhaupt in den zeitlichen Raum des „Being" gelangen (Dies ist dann übrigens kein „besonderer", gar „erleuchteter" Zustand, wie er oft fälschlicherweise mit achtsamen Momenten oder gar Meditation verbunden wird, sondern es ist einfach die Wahrnehmung dessen, was in dem Moment passiert und durch Aufmerksamkeit erfasst werden kann).

Bei den oben beschriebenen Hausmitteilungen erfolgte auf den Impuls in den meisten Fällen also eine simple Reaktion. Kaum jemand erfasste den Moment des Lesens der Nachricht bewusst und nahm sich die Zeit, kurz über sein darauffolgendes Handeln zu reflektieren. Diejenigen, die mit Achtsamkeit handelten, schafften hingegen einen Raum zwischen dem Impuls und der Antwort auf den Impuls (siehe Abb. 2.2). In diesem Raum liegt der Moment, der uns die Freiheit gibt, zu denken, entscheiden und zu handeln, wie wir es für gut und richtig halten. Und genau dieser wertvolle Moment der Freiheit zieht im (Arbeits-)Alltag tausende Male an uns vorbei, ohne, dass wir ihn wahrnehmen. Anstatt dessen reagieren wir auf die auf uns einprasselnden Impulse mit Handlungen, die auf Gewohnheiten, vergangenen Erfahrungen oder Reflexen basieren – und lassen uns so in gewisser Weise unfrei durch den Tag schubsen.

2.1 Achtsamkeit im Arbeitsalltag

Abb. 2.2 Reaktion versus Antwort und der Raum, den Achtsamkeit schafft. (Quelle: eigene Darstellung)

Die Pirahã, das „glücklichste Volk der Welt"

Das Volk der Pirahã lebt im Regenwald in Brasilien abseits der Zivilisation an einem Nebenarm des Amazonas. Der Linguist David Everett besuchte das Volk immer wieder über längere Zeiträume, ursprünglich als Missionar. Die Lebensweise der Pirahã trug dann allerdings dazu bei, dass das Volk ihn missionierte und David Everett sich auf das Erforschen der Sprache der Pirahã fokussierte. Dabei konnte er feststellen, dass die Sprache der Pirahã weder über Farb- noch Zahlworte verfügt. Auch werden keine Nebensätze gebildet. Und: die Pirahã sprechen nur über Dinge, die sie selbst erlebt haben. Über die ferne Vergangenheit oder die Zukunft können sie sich also sprachlich nicht ausdrücken. Sie führen ihr Leben im Hier und Jetzt. David Everett schreibt dazu in seinem Buch, dass sie sich somit keine Sorgen machen, „wenn sie etwas nicht wissen, und sie glauben auch nicht, dass sie alles wüssten oder wissen könnten." (Everett, 2010, S. 400). Er bezeichnet die Pirahã daher als das „glücklichste Volk der Welt".

Die folgende Übung beschreibt einen einfachen Einstieg in Achtsamkeitsübungen. Zur komfortablen weiteren Fortsetzung von Übungen ohne ein formales Training sind für Einsteiger einige Apps zu empfehlen, wie zum Beispiel *Headspace, Calm, Insight Timer* oder *10 % happier*. Man sollte einige Apps ausprobieren, um diejenige zu finden, die am besten zu einem passt. Und idealerweise sollte man so bald wie möglich wieder von der App loskommen, um die Übungen ohne Technologie regelmäßig über einen längeren Zeitraum auszuführen.

Einstiegsübungen zur Achtsamkeit

Ein einfacher Einstieg in Achtsamkeitsübungen ist folgende Übung, die aus drei Teilen besteht, wobei jeder Teil separat für sich praktiziert werden kann. Falls Sie beim Zählen rauskommen sollten (Ihre Gedanken also abwandern), ärgern Sie sich nicht. Lassen Sie die Gedanken ziehen und fangen Sie einfach wieder von vorne an. Bleiben Sie entspannt und ruhig, lassen Sie sich nicht von ihren abwandernden Gedanken stressen. Sie wären der erste Mensch, dessen Gedanken nicht irgendwann abwandern würden.

1. Zählen Sie jedes Mal, wenn Sie ausatmen. Zählen Sie bis sieben und starten Sie dann wieder bei eins. Nur atmen und zählen, sonst nichts. Machen Sie dies für einige Minuten und beobachten Sie sich selbst dabei. (Warum sieben? Einfach so. Oder auch, weil es im Hagakure, dem Ehrenkodex der Samurai aus ca. dem Jahr 1776 in Abschnitt 62 heißt, dass man eine Entscheidung innerhalb von sieben Atemzügen treffen sollte.)
2. Zählen Sie jedes Mal, wenn Sie ausatmen. Zählen Sie bis 15 und hören Sie dann auf. Nur atmen und zählen, sonst nichts.
3. Zählen Sie jedes Mal, wenn Sie ausatmen. Falls Sie abgelenkt werden, starten Sie wieder von vorne. Nur atmen und zählen, sonst nichts.

Machen Sie dies für einige Minuten und beobachten Sie sich selbst dabei.

Gerne wird diese Art von Übungen mit dem Trainieren eines Muskels verglichen: Der Wechsel aus dem Abwandern der Gedanken und dem Fokus auf den Moment ist wie das Anspannen und Lockerlassen eines Muskels während einer Kraftübung. Nur durch regelmäßiges Training wird der Muskel gestärkt.◄

Achtsamkeit zu praktizieren ist eine längerfristige Herausforderung. Sie ist kein „Quick Fix" für ein Problem, vor dem man gerade steht. Man kann sie auch nicht im Rahmen eines 14-tägigen Trainings einfach erlernen. Das Finden einer eigenen Übungsroutine, das Schaffen von Zeit für regelmäßige Übungen und die Neugierde darauf, was es alles zu entdecken gibt, sind einige Grundvoraussetzungen für die Entfaltung der positiven Aspekte von Achtsamkeit. Viel kann man bei Achtsamkeitsübungen nicht falsch machen – außer, dass man sie nicht, nicht regelmäßig oder nicht über einen längeren Zeitraum hinweg macht. Im Alltag kommt als besondere Herausforderung noch hinzu, überhaupt bei all dem, was gerade passiert, an Achtsamkeit zu denken. Bevor wir also absichtlich und ohne zu werten unsere Aufmerksamkeit auf den gegenwärtigen Moment richten können, müssen wir unsere Aufmerksamkeit auf die fehlende Aufmerksamkeit richten. Womit wir beim Thema der „Meta-Aufmerksamkeit" (Meta-Attention) wären, die wir uns im folgenden Kapitel genauer anschauen werden.

2.1.3 Meta-Aufmerksamkeit und Autopilot

Im Arbeitsalltag spielt uns häufig der „Autopilot" einen Strich durch die Achtsamkeitsrechnung. Niemand geht ständig achtsam durch den Tag. Die meisten haben – wenn überhaupt – nur wenige achtsame Moment an einem Tag. Tatsächlich verbringen wir sehr viel Zeit damit, abgelenkt von dem zu sein, was uns eigentlich im Moment beschäftigen sollte: Und so ertappen wir uns plötzlich dabei, wie wir zum wiederholten Mal über etwas nachdenken, das nachher, morgen oder nächste Woche sein wird, anstatt an der Aufgabe zu arbeiten, vor der wir gerade sitzen. Unser Autopilot steuert uns dabei reaktiv, basierend auf unseren Gewohnheiten und Annahmen, wie die Dinge laufen, durch den Tag – für durchschnittlich 46,9 % der Zeit, wie wir gesehen haben (Killingworth & Gilbert, 2010).

Wie sagte in diesem Zusammenhang der amerikanische Stand-up Comedian Emo Philips so passend? „I used to think that the brain was the most wonderful organ in my body. – Then I realized who was telling me this. " Wer hat wen tatsächlich in der Hand?

Die Aufmerksamkeit auf die Geschehnisse in einem bestimmten Augenblick zu richten ist eine Sache. Eine andere ist es, überhaupt zu erkennen, dass die Aufmerksamkeit für den gegenwärtigen Moment abgewandert ist, also unsere „Meta-Aufmerksamkeit" (die Aufmerksamkeit für die Aufmerksamkeit) fehlt (siehe Abb. 2.3). Uns ist häufig nicht bewusst, dass unsere Gedanken gerade ganz woanders sind als dort, wo sie sein sollten. Wenn wir dies merken sollten, ist im Zweifel einige Zeit vergangen und wir ärgern uns, da wir es doch besser wissen, also durchaus aufmerksam sein können – wenn wir nur eben daran denken würden. Aufmerksamkeit und Meta-Aufmerksamkeit sind zwei entscheidende Elemente, die einem achtsamen Handeln vorausgehen.[2]

Um Meta-Aufmerksamkeit zu schaffen und Achtsamkeit regelmäßiger in den Arbeitsalltag zu holen, kann es helfen, über den Tag verteilt Anker zu setzen und diese mit einer Miniübung zu verbinden. Die Anker können bestimmte Uhrzeiten sein oder in Verbindung mit bestimmten alltäglichen Ereignissen stehen

---

[2] Die „American Psychological Association" definiert in ihrem „Dictionary of Psychology" „Attention" als „a state in which cognitive resources are focused on certain aspects of the environment rather than on others and the central nervous system is in a state of readiness to respond to stimuli" („Ein Zustand, in dem sich kognitive Ressourcen eher auf bestimmte Aspekte der Umwelt als auf andere konzentrieren und das zentrale Nervensystem bereit ist, auf Reize zu reagieren") und „Meta-Attention" als „awareness of the factors that influence one's attention" („Bewusstsein für Faktoren, die die Aufmerksamkeit beeinflussen") (https://dictionary.apa.org/).

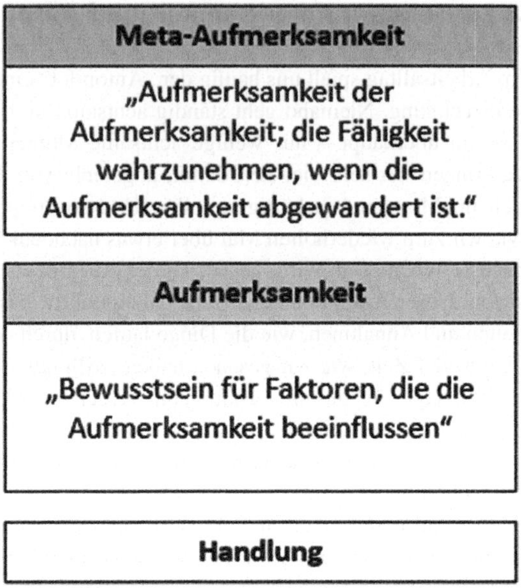

Abb. 2.3 Meta-Aufmerksamkeit, Aufmerksamkeit und Handlung. (Quelle: in Anlehnung an das „Dictionary of Psychology" der *American Psychological Association;* eigene Übersetzung)

Meta-Aufmerksamkeit

„Aufmerksamkeit der Aufmerksamkeit; die Fähigkeit wahrzunehmen, wenn die Aufmerksamkeit abgewandert ist."

Aufmerksamkeit

„Bewusstsein für Faktoren, die die Aufmerksamkeit beeinflussen"

Handlung

(„nach jeder Kaffeepause"). Transformative Technologien[3] wie Fitnessuhren können entsprechende Signale senden. Wer sich bestimmter Trigger-Ereignisse im Arbeitsalltag bewusst ist (zum Beispiel der Empfang einer unangenehmen E-Mail von einem unangenehmen Menschen) und also über eine ausgeprägte Meta-Aufmerksamkeit verfügt, der kann auch diese Momente zum Anlass für eine Miniübung nehmen.

Als Miniübung, um seine Aufmerksamkeit im Laufe eines Arbeitstages immer mal wieder auf den gegenwärtigen Augenblick zu richten, bietet sich beispielsweise die bekannte „SBNRR-Übung" an (Tan, 2012, S. 116–120). „SBNRR" steht nicht für „Siberian North Railroad" oder gar „Somebody needs Rock'n'roll" (allerdings kann man sich die Buchstabenfolge so gut merken) sondern für:

Stop – Breathe – Notice – Reflect – Respond.

Diese Übung ermöglicht eine stärkere Selbstwahrnehmung nach einem Trigger-Ereignis oder dem Wahrnehmen eines Ankers, indem diese fünf Schritte durchlaufen werden:

---

[3] Mehr zu Transformativen Technologien und Well-being Technologien in Abschn. 4.3.

2.1 Achtsamkeit im Arbeitsalltag

- Stop: Halten Sie für einen Moment bewusst inne. Sagen Sie nichts und handeln Sie nicht. Allein dieses Anhalten verhindert eine impulshafte Reaktion, die wir später nicht mehr zurücknehmen können.
- Breath: Machen Sie einige bewusste, tiefe Atemzüge. Schalten Sie um von der Brustatmung, die Sie im Zweifel im Augenblick nach dem ausgelösten Trigger praktizieren, zu Bauch- bzw. Zwerchfellatmung.[4] Diese hilft uns einerseits, in den gegenwärtigen Moment zu kommen, und gleichzeitig signalisiert sie über den Vagusnerv als größter Nerv des parasympathischen Nervensystems (siehe Abschn. 2.1.4) unserem Gehirn, dass wir den Moment unter Kontrolle haben und unser Körper entspannen kann.
- Notice: Nehmen Sie wahr, wie Ihr Körper gerade auf den Trigger reagiert. Dabei gibt es die „üblichen Verdächtigen", wie Nackenspannungen, angespannte Gesichtsmuskeln oder verspannte Schultern. Machen Sie kurz drei Atemzüge (siehe auch die nächste Übung).
- Reflect: Denken Sie nun darüber nach, was alles im Zusammenhang mit dem Impuls stehen oder im Hintergrund abgelaufen sein könnte. Versetzen Sie sich gegebenenfalls auch in die Lage der Person, die den Trigger bei Ihnen ausgelöst hat, und schauen Sie aus dieser Position auf sich selbst. Warum hat sie so gehandelt, wie sie gehandelt hat? Mit hoher Wahrscheinlichkeit will die andere Person Ihnen keinen Schaden zufügen, sondern handelt im Bestreben nach dem eigenen Glück.
- Respond: Nach einer Reflexion über die Ursachen des Triggers antworten Sie. Eine Antwort ist hier etwas anderes als eine Reaktion, welche prompt und unreflektiert erfolgt und im Zweifel die Situation nur verkompliziert.

Mit etwas Übung geschehen die SBNRR-Abläufe automatisch. Die Übung an sich ist nicht schwierig und lässt sich im Laufe des Tages immer wieder umsetzen – sofern die Meta-Aufmerksamkeit dies zulässt. Solange Ihnen die auslösenden Impulse nicht bewusst sind, setzen Sie sich einige Übungsanker, um Meta-Aufmerksamkeit zu trainieren (Laden Sie beispielsweise alle neuen E-Mails runter und setzen Sie das E-Mail-Programm dann in den Offline-Modus. Dadurch ist das reaktive, schnelle Rausschicken einer Antwort-E-Mail ausgeschlossen).

---

[4] In der Regel werden beide Atemtechniken gleichzeitig genutzt und man schaltet nicht die eine Technik an und die andere aus. Es geht hier lediglich darum, die Bauchatemtechnik in den Vordergrund des bewussten Atmens zu stellen.

> **Übung: Drei Atemzüge**
>
> Die Übung der drei Atemzüge kann schnell und unkompliziert als kleine Erfrischung in den Arbeitsalltag eingebaut werden (Tan, 2012). Setzen Sie sich, wie beschrieben, Erinnerungsanker, um zuerst die Meta-Aufmerksamkeit anzuschalten. Anschließend schließen Sie idealerweise kurz die Augen oder blicken nach unten. Machen Sie dann bewusst drei Atemzüge, wobei Sie
>
> - beim ersten Atemzug Ihre Aufmerksamkeit auf den vollständigen Atemzug vom Einatmen über die kurze Pause bis zum Ausatmen und wiederum die anschließende kurze Pause richten,
> - beim zweiten Atemzug den Körper entspannen und
> - beim dritten Atemzug sich fragen: „Was ist jetzt am wichtigsten?"
>
> Durch die drei Atemzüge richten Sie Ihre Aufmerksamkeit auf ihren Geist, auf Ihren Körper und auf die Umgebung, in der Sie sich gerade befinden. Eine kurze, erfrischende Übung, die unkompliziert im Arbeitsalltag umgesetzt werden kann. ◄

Der eine oder andere wird sich gefragt haben, warum Achtsamkeit und subjektives Wohlbefinden (Glück) sehr häufig mit etwas so Einfachem wie der Atmung verbunden werden. Dies hat nicht nur praktische, sondern auch funktionale Gründe. Welche genau und welche Rolle unser Nervensystem dabei spielt, wird im folgenden Kapitel kurz vorgestellt.

2.1.4 Das vegetative Nervensystem und die Bedeutung der Atmung für Achtsamkeit

Um besser verstehen zu können, wie Achtsamkeitsübungen auf den menschlichen Körper und Geist wirken können, widmen wir uns im Folgenden kurz dem Aufbau des menschlichen Nervensystems. Im Gegensatz zu Muskeln, Knochen, Haut und Adern ist es nicht wirklich sichtbar, durchzieht aber vollständig den menschlichen Körper und beeinflusst entscheidend unsere Lebensqualität sowie das Glücksempfinden. Die Atmung spielt dafür eine nicht zu unterschätzende, faszinierende Rolle.

Es ist ausgesprochen praktisch, dass wir unsere Atmung ununterbrochen mit uns tragen. Meistens atmen wir unbewusst. Nur, wenn wir krank sind, während körperlicher Anstrengung „außer Atem" geraten oder wenn wir uns in

2.1 Achtsamkeit im Arbeitsalltag

Atemübungen auf die Atmung konzentrieren, atmen wir bewusst. Zum Atmen brauchen wir im Arbeitsalltag keine Konzentration, die Atmung atmet gleichsam von selbst. Und dennoch steckt hinter der Atmung ein eindrucksvolles System. Einerseits dient die Atmung dazu, zusammen mit dem Herz-Kreislaufsystem den Körper über die Lunge mit Sauerstoff zu versorgen und Kohlendioxid aus dem Körper herauszutransportieren. Andererseits findet auch eine stetige Regulierung zwischen Körper und Geist über die Atmung statt.

Die Regulierung erfolgt über das Nervensystem. Genau genommen handelt es sich, je nach Einordnung, um mehrere Nervensysteme beziehungsweise Subsysteme eines Nervensystems, die jeder Mensch in sich trägt (siehe Abb. 2.4 für ein vereinfachtes Grundschema). Das zentrale Nervensystem (ZNS) besteht aus dem Gehirn und dem Rückenmark. Es wird bereits im Embryonalstadium angelegt. Das ZNS zeichnet sich unter anderem für Emotionen, das Denken sowie das Erinnern verantwortlich. Es ist funktionell eng mit dem peripheren Nervensystem (PNS) verbunden. Das PNS leitet sensorische (afferente) und motorische (efferente) Impulse zwischen der Körperoberfläche, Muskeln und Organen einerseits und dem ZNS andererseits hin und her. Über diesen Zusammenhang besteht

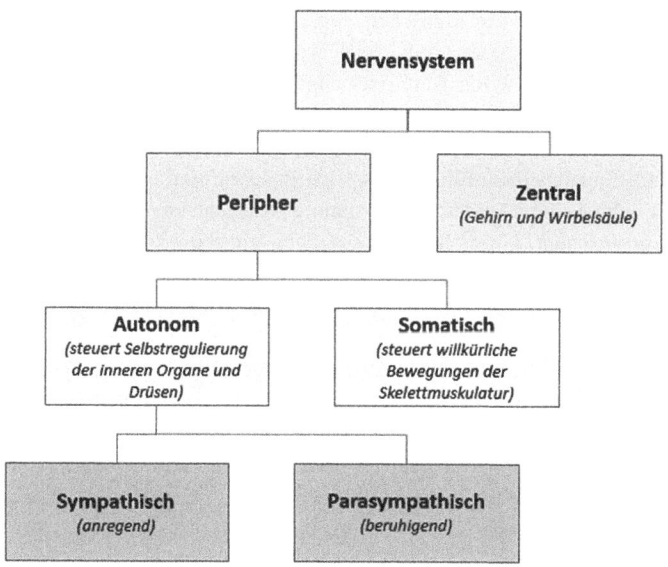

Abb. 2.4 Struktur des menschlichen Nervensystems. (Quelle: eigene Darstellung)

eine für unser Thema wichtige direkte Verbindung zwischen Lunge (Körper) und Gehirn (Geist).[5]

Das periphere Nervensystem lässt sich wiederum unterteilen in einen somatischen und einen autonomen Teil. Der somatische Teil ist für die bewusste, also willentliche Muskelsteuerung sowie die Wahrnehmung der Umwelt und des eigenen Körpers zuständig. Der autonome (auch „vegetativ" genannte) Teil des Nervensystems übernimmt seine Arbeit vollkommen selbständig: Wir denken nicht laufend daran, dass unser Herz schlagen sollte. Und jetzt wieder. Und jetzt noch einmal – und so weiter. Unser Herz schlägt automatisch wie auch alle weiteren Organe im Körper ihre Arbeit entsprechend den aktuellen Anforderungen ohne laufende Aufforderung verrichten (sofern sie gesund sind). Und so atmen wir auch automatisch, mal tiefer, mal flacher, mal langsamer und mal schneller – je nachdem, welche Signale das autonome Nervensystem aus dem Gehirn an die Lunge beziehungsweise die für die Atmung verantwortliche Muskulatur sendet.

Das vegetative, autonome Nervensystem wiederum lässt sich in einen sympathischen und in einen parasympathischen Teil unterscheiden. Der sympathische Teil des Nervensystems ist derjenige, der unter Stress aktiviert wird. Die sogenannte „Fight-or-flight Response" (zu der manchmal auch noch „Freeze" und „Faint" gezählt werden), sicherte bereits vor vielen tausend Jahren die Existenz und Weiterentwicklung des Menschen, sobald er sich einer existenziellen Bedrohung durch Feinde ausgesetzt sah. Auch wenn wir heute nur noch in extremen Ausnahmefällen durch wilde Tiere oder dunkle Zeitgenossen existenziell bedroht werden, setzt der „Fight, Flight, Freeze or Faint"-Mechanismus noch regelmäßig ein. In unser Arbeitsleben übersetzt kann schon das einfache Aktualisieren des E-Mail-Eingangs dazu führen, dass sich in Erwartung möglicher unangenehmer Nachrichten, unter anderen die Atmung verflacht, der Puls erhöht und die Muskulatur anspannt. Unser Körper wäre dann gut darauf vorbereitet, davonzurennen, allerdings verbleiben wir (in den allermeisten Fällen) vor dem Bildschirm und versuchen irgendwie mit den E-Mails fertig zu werden: unbewusst angespannt, möglicherweise verspannt, flach atmend und damit körperlich gestresst. Auch wenn der Auslöser also immer etwas Unangenehmes, vielleicht sogar Fremdes in unserer äußeren Umgebung ist, so wirkt sich die vom Gehirn initiierte Stressreaktion auf das Innere unseres Körpers aus.

Der parasympathische Teil des Nervensystems ist nicht unmittelbar notwendig für das Überleben in einer Gefahrensituation, jedoch trägt er zu einem

---

[5] Tobias Esch geht in seinem Buch die „Neurobiologie des Glücks" ausführlich auf die Rolle des Zentralen Nervensystems bei Stress ein (Esch 2014, S. 110 ff.).

gesunden, länger anhaltenden und angenehmeren Leben bei. Wird das parasympathische Nervensystem aktiviert, können beispielsweise die Herzfrequenz reduziert, das enterische Nervensystem des Verdauungstraktes moduliert und die Muskulatur entspannt werden. Wir werden ruhiger und schaffen uns Raum, auf äußere Impulse nicht nur per „Fight, Flight, Freeze or Faint"-Reaktion reflexartig zu reagieren, sondern ruhig und konzentriert im Moment eine Lösung zu schaffen.

Wäre es nun nicht ideal, wenn wir unser sympathisches und parasympathisches Nervensystem bewusst steuern könnten? Wie aber können wir einen „Zugang" schaffen, wenn sie doch Teil des autonomen Nervensystems sind? Praktischerweise gibt es tatsächlich eine **„Fernbedienung"** zur Aktivierung des parasympathischen Nervensystems, die wir steuern können: die Atmung. Diese wird nämlich vom autonomen wie auch dem somatischen Nervensystem gesteuert. Das Zwerchfell als zentraler Atemmuskel lässt sich bewusst ansteuern, womit sich die Atmung beeinflussen lässt. Tiefes, langsames Einatmen signalisiert nun über den Vagusnerv dem Gehirn, vereinfacht gesagt, dass alles in Ordnung ist und der parasympathische Teil des Nervensystems mit allen genannten positiven Effekten im Körper eine stärkere Rolle spielen kann.

Der beschriebene Mechanismus zeigt, wie die Atemübungen im Rahmen von Achtsamkeitsübungen zu verstehen sind und welche unmittelbare beruhigende Wirkung mit etwas vermeintlich Einfachem, wie der Atmung erzielt werden kann. Diese physiologischen Mechanismen zeigen auch, dass man an Achtsamkeit nicht „glauben" muss. Die Natur hat die entsprechenden Mechanismen in unserem Körper so angelegt, dass sie zweifellos ihre Wirkung entfalten.

Neben den praktischen und physiologischen Gründen, die für die besondere Rolle der Atmung im Zusammenhang mit Achtsamkeit stehen, gibt es psychologische Gründe. Sobald wir uns auf die Atmung fokussieren, helfen wir unseren Gedanken, im Jetzt zu sein – und nicht in der Zukunft oder in der Vergangenheit. Dadurch befreien wir uns beispielsweise von Gedanken des Bereuens (also dem Denken an die Vergangenheit) und der Sorge (also dem Denken an die Zukunft). Der einzige Augenblick, in dem wir leben, ist dann der Moment, in dem wir unsere Aufmerksamkeit auf unsere Atmung richten. Letztere kann nur ausschließlich im Jetzt stattfinden. Die Atmung dient uns so als **Anker** für das Jetzt, indem wir uns jederzeit auf sie fokussieren können.

Wir sehen also wie praktisch die Tatsache ist, dass wir die Atmung immer bei uns haben. Sie dient uns gleichzeitig als Anker für das Jetzt und als Fernbedienung zur bewussten Regulierung unseres Nervensystems. Dies gilt für jede Lebenslage und natürlich auch während der Arbeitszeit. Damit sich die beschriebenen Wirkungsmechanismen entfalten könne, müssen wir regelmäßig und über einen längeren Zeitraum Achtsamkeitsübungen praktizieren. Es ist wie mit einem

Fitnessstudio: Man muss hingehen und die Übungen machen, um einen Erfolg zu spüren. Im Folgenden werden einige weitere informelle sowie auch formelle Praktiken der Achtsamkeit kurz vorgestellt.

2.1.5 Informelle und formelle Achtsamkeitspraktiken im Arbeitsalltag

Achtsamkeitspraktiken können in informelle und formelle Praktiken unterschieden werden. Informelle Praktiken lassen sich mehr oder weniger spontan in das Leben integrieren. Dabei lässt man sich immer wieder über den (Arbeits-)Tag auf achtsame Momente ein und versucht, regelmäßig Aufmerksamkeit für den Moment zu pflegen (Birtwell et al., 2019). Gute Anlässe dafür sind Routinen, die gemeinhin als „nichts Besonderes" angesehen werden, wie zum Beispiel beim Mittagessen, Warten, bis der Computer hochgefahren ist, der Rückkehr ins Büro nach einem Meeting oder sogar zu Beginn eines Meetings. Einige Beispiele für das Pflegen informeller Achtsamkeit und das Gelangen in den Augenblick während eines Arbeitstages können sein:

- Wenn Sie eine E-Mail erhalten, auf die Sie gleich antworten wollen, machen Sie eine kurze Pause, bevor Sie auf „Antworten" klicken; ganz besonders, wenn es sich um eine aufwühlende E-Mail handelt, die auch noch an viele Empfänger geschickt wurde und Sie die Möglichkeit einer „Antwort an alle" haben.
- Starten Sie ein Meeting mit einer gemeinsamen „Minute to arrive", indem alle Teilnehmerinnen und Teilnehmer eine Minute lang ihren Fokus auf die Atmung richten.
- Nehmen Sie Ihr Handy nicht mit in den Pausenraum/die Kaffeeküche – und nehmen Sie die Momente, die entstehen, so wie sie sind wahr.
- Nehmen sie die ersten drei Bissen/Gabeln/Löffel des Mittagessens ganz bewusst zu sich, indem Sie sich auf den Geschmack, Geruch, die Textur und die Zutaten des Essens fokussieren, das Sie zu sich nehmen werden.
- Setzen Sie sich einige Anker an ihrem Arbeitsplatz, wie zum Beispiel einen Gegenstand oder eine Pflanze und halten Sie während des Arbeitstages beim Betrachten immer wieder kurz inne.
- Wenn Sie länger geredet haben sollten, machen Sie bewusst eine Pause und richten Sie ihre Aufmerksamkeit auf die Atmosphäre und Emotionen im Raum.

- Schauen Sie aus dem Fenster und machen Sie ganz bewusst ein Photo vom Himmel. Sie können die Photos sammeln und zu einem digitalen Kunstwerk verarbeiten.
- Praktizieren Sie auch eine „Minute to arrive" bevor sie die Haustüre nach der Arbeit öffnen – insbesondere falls Sie gemeinsam mit anderen Menschen (Familie, WG, …) wohnen.

Übung: Achtsames Zuhören

Die Übung ist in der klassischen Variante eine Partnerübung mit einem formalen Rahmen. Sie kann in einer freieren und adaptierten Form auch jederzeit spontan im Alltag eingesetzt werden. Das Ziel der Übung ist es, zu trainieren, seine volle Aufmerksamkeit auf das zu richten, was eine andere Person sagt – ohne zu unterbrechen und das Gesagte zu werten. Es geht „lediglich" darum, das Gesagte inhaltlich zu erfassen und wiederzugeben. In der Arbeit kann die Übung beispielsweise unter Kolleginnen und Kollegen, die sich ein Büro teilen oder unter zwei Teammitgliedern umgesetzt werden. Die Dauer der Übung beträgt insgesamt 10 min.

Die Schritte der Übung sind folgende:[6]

- Wählen Sie ein Thema aus, über das Sie sprechen möchten.
  Zum Beispiel, wie Sie sich gerade fühlen oder welche Erfahrung Sie im letzten Meeting, an dem Sie teilgenommen hatten, gemacht haben. Die Wahl des Themas ist nicht entscheidend, solange Sie zwei Minuten darüber sprechen können.
- Person A startet nun und spricht zwei Minuten über das Thema – Person B schweigt und hört zu.
- Person B gibt anschließend wieder, was Person A gesagt hat, indem B jeden Satz einleitet mit den Worten: „Ich habe gehört, dass du gesagt hast, dass …". Person A gibt abschließend kurz dazu Feedback. Auch diese Runde dauert zwei Minuten (Falls Sie die Übung auf Englisch machen sollten, nutzen Sie den Satz: „What I heard you say is …").
- Nun werden die Rollen getauscht.
- In den letzten zwei Minuten besteht die Möglichkeit einer freien Konversation.

---

[6] Die Beschreibung orientiert sich an (Tan, 2012, S. 57–60). Die Anzahl der Minuten je Schritt kann variiert werden.

Beachten Sie, dass die Übung sowohl für denjenigen, der spricht als auch für denjenigen, der zuhört und anschließend das Gesagte wiedergibt, eine gewisse Herausforderung darstellen kann. ◄

Im Gegensatz zu informellen Achtsamkeitspraktiken beginnt formelle Achtsamkeit mit der Absicht, bewusst einer Achtsamkeitsübung einige Zeit zu widmen. Dies können wenige Minuten, eine Morgenroutine von 30 bis 45 min oder mehrere Stunden im Rahmen eines Retreats sein. Aufgrund der längeren Dauer und größeren Intensität sind formelle Achtsamkeitspraktiken diejenigen, die nachhaltig Einfluss auf neuronale Veränderungen im Gehirn haben können (Neuroplastizität). Beispielsweise konnte im Rahmen einer Studie nachgewiesen werden, dass durch Achtsamkeitsübungen mindestens acht Areale im Gehirn direkt beeinflusst werden können (Fox et al., 2014). Im Zusammenhang mit dem Arbeitsleben sind insbesondere zwei Areale interessant: (Congleton et al., 2017)

- Der zum Präfrontalcortex gehörende anteriore cinguläre Cortex (ACC) wird mit Selbstregulierung assoziiert, also der Fähigkeit, Aufmerksamkeit und Verhalten gezielt zu lenken, unangemessene Spontanreaktionen zu unterdrücken und Strategien flexibel zu wechseln. Gerade angesichts sich schnell verändernder Bedingungen unter Unsicherheit ist der ACC besonders wichtig. Wer Achtsamkeitspraktiken pflegt, zeigt besondere Leistungen bei Selbstregulierungstests, widersteht Ablenkungen und gibt häufiger richtige Antworten.
- Bei Praktizierenden eines achtwöchigen Achtsamkeitsprogramms konnte nachwiesen werden, dass die graue Substanz im Hippocampus vermehrt wurde. Der Hippocampus ist essenziell für die Gedächtniskonsolidierung. Darüber hinaus ist er für die Regulierung von emotionalen Zuständen zuständig. Stress und Cortisol lassen die Neuronen im Hippocampus verkümmern.

Zu den formellen Achtsamkeitspraktiken zählen diverse Meditationen. Allzu häufig wird angenommen, dass Meditation gleich Spiritualität ist und damit nur in Verbindung mit einem Glauben ausgeübt werden kann. Für unseren Ansatz ist es wichtig zu verstehen, dass Meditation im Kern nichts mit Spiritualität zu tun hat und sie also von jedem praktiziert werden kann. Zwar haben spirituelle Praktiken, wie sie weltweit in den verschiedensten Glaubensrichtungen ausgeübt werden, immer wieder meditative Elemente, für unsere Zwecke greifen wir jedoch auf Erkenntnisse aus Psychologie, Neurowissenschaften und Medizin zurück, um zu verstehen, wie Meditationen auf den Körper, Emotionen und das Gehirn wirken können. Einige Praktiken mögen zwar ursprünglich aus einer spirituellen Praxis stammen, lassen sich aber auch ohne spirituelle Elemente ausüben.

2.1 Achtsamkeit im Arbeitsalltag

Viele Praktizierende nutzen die Zeit direkt nach dem Aufstehen in der Früh für eine Meditationsroutine und widmen sich anschließend den Herausforderungen des (Arbeits-)Tags. Manche Unternehmen bieten heute Ruheräume an, in denen Mitarbeiterinnen und Mitarbeiter während der Arbeitszeit für einige Minuten meditieren können. Eine formelle, regelmäßige Achtsamkeitspraxis in Form von verschiedenen Meditationen, ist heute auch im Top-Management nicht mehr unüblich: Steve Jobs (Apple), William (Bill) Clay Ford Jr. (Ford), Marc Benioff (Salesforce), Jeff Weiner (LinkedIn) und Arianna Huffington sind nur eine kleine Auswahl an CEOs und Gründern, für die regelmäßige Meditation ein fester Lebensbestandteil ist (bzw. war, im Falle von Steve Jobs). Gleiches gilt für diverse Künstlerinnen und Künstler wie beispielsweise Madonna, Paul McCartney und David Lynch.

Am einfachsten lassen sich formelle Meditationen – zugegebenermaßen sehr grob – in drei Arten unterteilen (siehe Abb. 2.5):

1. Fokussierte Aufmerksamkeit (Focused Attention)
   Ziel der Meditation ist es, zu üben, sich zu fokussieren und seinen Geist zur Ruhe zu bringen. Sie ist also nach innen gerichtet. Eine Standardübung ist hier die schon beschriebene Lenkung der Aufmerksamkeit auf die Atmung – und das Ziehen lassen der Gedanken, um die Aufmerksamkeit wieder auf die Atmung zu richten.
2. Offenes Gewahrsein (Open Awareness)
   Diese Meditation dient dazu, zu üben, seine Aufmerksamkeit auf die Geschehnisse im gegenwärtigen Moment zu richten. Wir beobachten dabei unsere

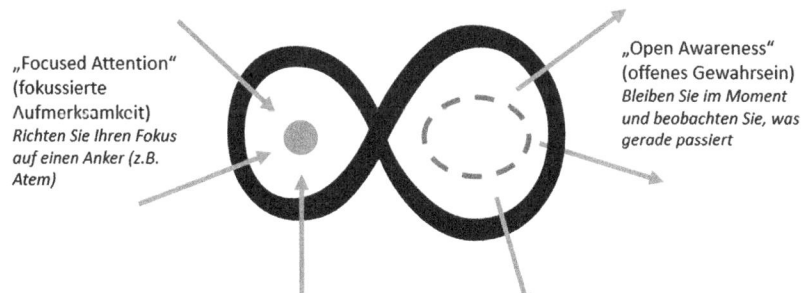

Abb. 2.5 Fokussierte Aufmerksamkeit und offenes Gewahrsein als Meditationsformen. (Quelle: eigene Darstellung)

Sinneswahrnehmungen, Emotionen und Gedanken; beispielsweise also, wie sich unsere Aufmerksamkeit plötzlich auf das Hupen eines Autos richtet, wie unsere Gedanken wandern, dass wir nicht sonderlich gerade sitzen, es im Raum etwas zu warm ist und so weiter. Dabei halten wir nicht an einem der Ereignisse fest, sondern bleiben ein Beobachter der sich aneinanderreihenden Momente.

3. Körperreise (Body Scan)
Bei einer Körperreise richten wir unsere Aufmerksamkeit nach und nach auf unsere Körperteile. Wir starten bei den Zehen und erfassen Schritt für Schritt physiologische Anzeichen unserer Emotionen, bis wir bei der Schädeldecke angekommen sind. Während der Körperreise sollte man sich lediglich auf die Wahrnehmung fokussieren und nicht versuchen, beispielsweise durch das Massieren einer schmerzenden Stelle, etwas zu verändern. Auf diese Weise können wir eine Landkarte unseres Körpers erschaffen und werden uns der Verfassung unseres Körpers in all seinen Regionen bewusst. Gleichzeitig dient uns unser Körper als Anker für eine längere Meditation.
(Manche Softwareentwickler vergleichen einen „Body Scan" mit dem Erfassen von „Big Data": Während das Gehirn lediglich eine Festplatte mit limitierter Kapazität ist, gibt es über den Körper verteilt viel, viel mehr Daten, die durch einen „Body Scan" erfasst werden können)

Wie in der Einleitung erwähnt, beschreiben der Neurowissenschaftler Richard Davidson und der Wissenschaftsautor Daniel Goleman in ihrem Buch „The Science of Meditation" ausführlich und erfrischend kritisch die Hintergründe und Ergebnisse von zahlreichenden Studien zur Wirkungsweise von Meditation auf den menschlichen Geist und Körper (Goleman & Davidson, 2017). Unterschiedliche Meditationen haben demnach unterschiedliche Wirkungen (Goleman & Davidson, 2017, S. 68). Gleiches gilt damit für unterschiedliche Achtsamkeits- und Meditationstrainings. Beispielsweise konnte nachgewiesen werden, dass das schon erwähnte von Jon Kabat-Zinn entwickelte MBSR-Programm die Aktivität der Amygdala im Gehirn und damit das Auslösen von Stress bereits nach 30 Übungsstunden signifikant reduzieren kann. Im Rahmen einer anderen Studie konnten bei Teilnehmerinnen und Teilnehmern an einem dreimonatigen Retreat Hinweise für eine bessere Regulierung der Emotionen nachgewiesen werden. Längerfristige Meditationspraxis führt zu stärkeren funktionalen Verbindungen zwischen dem präfrontalen Cortex, in dem die Reaktionen auf Emotionen gesteuert werden, und der Amygdala, die bei Stress diese Reaktionen entsprechend auslöst. Demzufolge sind Menschen mit längerer Meditationserfahrung immuner gegen „emotional hijacking" durch die Amygdala. Schließlich konnte auch

2.1 Achtsamkeit im Arbeitsalltag

gezeigt werden, dass Menschen, die längere Meditationserfahrung haben, sich schneller von stressigen Phasen erholen (Goleman & Davidson, 2017, S. 81–99).

> **Tipp**
> Da wir hier nicht im Detail die Vielfalt von informellen und formellen Achtsamkeitsübungen eingehen können, sei auf die Website des **„Greater Good Science Centers"** der **University of California,Berkeley** verwiesen.
> Unter https://ggia.berkeley.edu/ finden Sie eine für jeden Anlass passende Übung mit detaillierten Instruktionen und Hintergründen.

Im folgenden Kapitel werfen wir abschließend noch ein Schlaglicht auf einige Vorteile und Risiken von praktizierter Achtsamkeit im Arbeitsalltag.

2.1.6 Vorteile von Achtsamkeit im Arbeitsalltag und Risiken bei der Einführung

Achtsames Arbeiten bedeutet, Fokus und Aufmerksamkeit auf das zu richten, an dem man gerade arbeitet.[7] Durch regelmäßiges Praktizieren von informellen und formellen Achtsamkeitsübungen, von denen einige vorgestellt wurden, ist es möglich, seinen Zielen näher zu kommen und die Vorteile von Achtsamkeit im Arbeitsalltag erfahren zu können. Im Rahmen wissenschaftlicher Untersuchungen konnte nachgewiesen werden, dass Achtsamkeitspraktiken dazu führen, dass Menschen… (Burton, 2018)

- … fokussierter sind, sich besser konzentrieren und länger bei der Sache bleiben können.
- … geringeren chronischen Stress verspüren. Symptome von Depression und Erlebnisvermeidung können verbessert werden.
- … glücklicher und energiegeladener sind. Sie sind einer geringeren Gefahr emotionaler Erschöpfung ausgesetzt und verspüren stärkere Glücksgefühle bei der Arbeit.
- … mit Triggern besser umgehen können, da die Aktivität der Amygdala im Gehirn während eines negativen Auslösers gesenkt wird.

---

[7] Hougaard und Carter (2017) definieren Fokus als die Fähigkeit, sich auf das zu konzentrieren, was Sie gerade tun. Aufmerksamkeit ist die Fähigkeit, unnötige Ablenkungen zu erkennen und loszulassen, sobald sie auftreten.

- … weniger Angstgefühle haben und positive Emotionen zunehmen.
- … besser schlafen – sowohl, was die Qualität als auch was die Länge des Schlafs betrifft.
- … geringere Fehlerraten bei der Arbeit haben.
- … ein geringeres Burn-out-Risiko haben.

Der Schutz des Gehirns vor toxischem Stress ist also ein großer, nachgewiesener Gesundheitseffekt von Achtsamkeit. Viele Menschen kümmern sich bewusst um ihre physische Gesundheit, indem sie joggen, schwimmen, auf einer Heimrudermaschine rudern oder sich im Spinning- oder Kraftstudio verausgaben. Um die Gesundheit des Gehirns kümmern sich jedoch die wenigsten gezielt. Insofern ist es ein Vorteil, wenn selbst Unternehmen dieses Thema inzwischen entdeckt haben und so zum Glück ihrer Mitarbeiterinnen und Mitarbeiter beitragen.

Das Thema Achtsamkeit selbst ist im Unternehmenskontext aber auch Risiken ausgesetzt. Grundsätzlich sollten die Themen Achtsamkeit und Glück bei der Arbeit keinesfalls dogmatisch gesehen werden. Die Entdeckung dieser Themen selbst durch klassische Beratungsunternehmen kann dazu führen, dass sie stark instrumentalisiert werden. So besteht die Gefahr, dass sie als weitere Schlagworte im Durchlauferhitzer der „hippen" Schlagworte eher früher als später verdampfen. Dieses Risiko besteht insbesondere auch dann, wenn beispielsweise …

- … Achtsamkeit als schnelle Lösung von Problemen propagiert wird. Und wenn sie dann „nicht funktioniert" und folglich abgelehnt wird.
- … Entscheider das Treffen einer Entscheidung vermeiden, indem sie sich in ihre „Achtsamkeitswelt" zurückziehen, anstatt kritisches und reflektiertes Denken einzusetzen. Bewusst praktizierte Achtsamkeit kann kritisches und rationales Denken unterstützen, es aber nie ersetzen.
- … allerlei Achtsamkeitsübungen als Pflicht für alle im Unternehmen praktiziert werden müssen, weil es gerade ein Trend ist (Brendel, 2015).

Richtig eingeführt und regelmäßig praktiziert hilft Achtsamkeit, unsere Reaktionen auf das, was im Alltag um uns herum geschieht, für uns selbst, individuell zu verstehen, zu verarbeiten und entsprechend reflektiert und bewusst zu handeln. In diesem Sinne ist Achtsamkeit – vereinfacht gesagt – tendenziell selbstbezogen. Sie bietet so aber gleichzeitig die Grundlage für die Regulierung unserer zwischenmenschlichen Interaktionen, richtet sich also auch nach außen. Nachdem zwischenmenschliche Interaktionen in den meisten Berufen zum Arbeitsalltag gehören, spielen Freundlichkeit und Mitgefühl („kindness" und „compassion") eine entscheidende Rolle für erfolgreiches Arbeiten. Das folgende Kapitel bietet einen tieferen Einblick in die Bedeutung von Mitgefühl für das Glück im Arbeitsalltag.

2.2 Management mit Mitgefühl

Wer das Wort „Mitgefühl" im Arbeitskontext erwähnt, erntet vielfach bestenfalls: Mitgefühl, verbunden mit einem milden Lächeln und Kopfschütteln. Tatsächlich ist das Handeln mit Mitgefühl eine Stärke, die gute von den erfolgreichsten Führungskräften unterscheidet. Empathie und Mitgefühl im Arbeitsumfeld sind für Millenials wichtige Kriterien für die Auswahl ihres Arbeitgebers. Wenn man keinen Respekt erfährt, einem kein Vertrauen entgegengebracht wird, die Arbeitskultur toxisch ist und auf individuelle Bedürfnisse keine Rücksicht genommen wird, dann sucht man sich einen Arbeitgeber, der diesbezüglich mehr zu bieten hat – oder gründet als Entrepreneur gleich sein eigenes Unternehmen. Diversity, Elternzeit, Sabbatical und vieles mehr sind Ausprägungen eines Managements mit Mitgefühl. Im Folgenden werden einige Schlaglichter auf Empathie und Mitgefühl im Arbeitsalltag geworfen, um ein tieferes Verständnis für die Bedeutung dieses viel zu oft unterschätzten Themas zu schaffen.

2.2.1 Mitgefühl ist mehr als Empathie

Stellen Sie sich vor, Sie sind auf einer Wanderung in den Bergen. In einem Waldstück sehen Sie weiter vorne auf dem Weg einen umgestürzten Baum liegen. Als Sie näher kommen stellen Sie fest, dass darunter ein Mensch liegt, dessen Beine vom Baum so eingeklemmt wurden, dass er nicht mehr aufstehen kann. Nun könnten Sie denken: „Hier liegt ein Mensch eingeklemmt unter einem umgestürzten Baum." – und weitergehen. Das wäre eine sachliche Feststellung der Umstände, allerdings eine recht unmenschliche Reaktion. Sie könnten jedoch auch denken: „Ohje, ohje, hier liegt jemand eingeklemmt unter einem umgestürzten Baum! Das tut sicher sehr weh! Und wie sich die Person wohl fühlen muss, da sie nicht mehr aufstehen kann! Schrecklich!" – und weitergehen. Dies wäre eine empathische Reaktion gewesen. Sie hätten sich nicht nur kognitiv, sondern auch emotional in die Lage des Eingeklemmten versetzt. Allerdings wären Sie trotz dieses Leids weitergegangen. Eine Reaktion, wie sie tagtäglich vorkommt: Zwar wird die Situation, in der ein Mitmensch Hilfe benötigt, wahrgenommen, jedoch wird nicht in die Situation eingegriffen und versucht, das Leid zu lindern.

Stellen Sie sich nun vor, sie kommen an die Stelle des umgestürzten Baums, erkennen die Notlage des Eingeklemmten, spüren das Leid der Person und beginnen, zusammen mit den nachfolgenden Wanderern, den Eingeklemmten unter dem Baum zu befreien. Und sie rufen die Bergwacht, die ihn ins Tal und in ein Krankenhaus bringt. Nun haben Sie nicht nur die Lage analysiert und empathisch reagiert, sondern auch Mitgefühl gezeigt, indem Sie aktiv geworden sind und dem Menschen geholfen haben.

Empathie allein hilft in diesem Fall der leidenden Person nicht weiter. Genauso ist es häufig im Alltag bzw. Arbeitsalltag: Erst der aktive Teil der Reaktion führt zu Veränderung und idealerweise zu Verbesserung. Der bereits erwähnte „Search Inside Yourself"-Initiator Chade Meng-Tan, schlägt folgende Definition von Mitgefühl vor:

▶ **Definition Mitgefühl** „Mitgefühl ist ein Geisteszustand, der mit einem Gefühl der Sorge um das Leiden anderer und dem Bestreben, dieses Leiden zu lindern, versehen ist."[8] (Tan, 2012, S. 199; eigene Übersetzung).

Diese Definition stammt ursprünglich vom ehemaligen Mönch Thupten Jinpa, der viele Jahre als Übersetzer des Dalai Lama tätig war, und deckt alle drei Komponenten von Mitgefühl ab:

- Eine kognitive Komponente – „Ich verstehe Dich."
- Eine affektive Komponente – „Ich fühle mit Dir."
- Eine motivationale Komponente – „Ich helfe Dir."

Die ersten beiden Komponenten charakterisieren auch Empathie. Reine affektive Empathie kann als selbst-orientierte Emotion jedoch zu einem Leidensdruck bei der Person führen, die die Empathie fühlt (Empathic Distress) (Ashar et al., 2017). Menschen neigen dann dazu, sich in sich selbst zurückzuziehen, um mögliche negative Begegnungen zu vermeiden. Im schlimmsten Fall kann dies zu Stress, Verschlechterung der Gesundheit und Burnout führen.[9] Mitgefühl hingegen richtet sich weniger an einen selbst als an eine Person, die Unterstützung oder Hilfe benötigt (siehe auch Abb. 2.6). Unsere Hilfsbereitschaft und aktive Unterstützung erzeugen positive Emotionen – sowohl bei uns selbst als Handelnde als auch

---

[8] Im Original lautet die Definition: „Compassion is a mental state endowed with a sense of concern for the suffering of others and aspiration to see that suffering relieved."

[9] Zur konzeptionellen Einordnung des Burnout-Phänomens in verschiedenen Disziplinen siehe auch (Hillert et al., 2020).

2.2 Management mit Mitgefühl

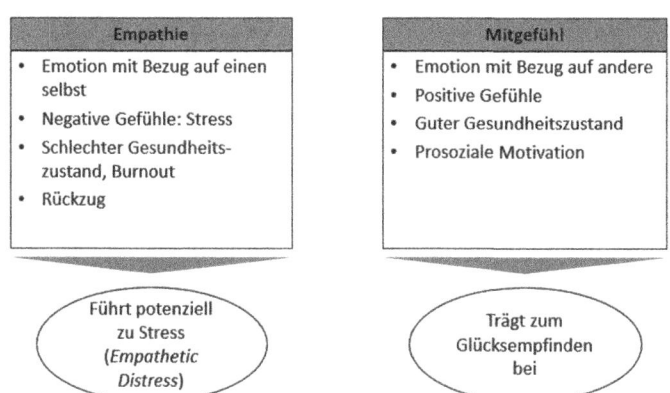

Abb. 2.6 Empathie und Mitgefühl. (Quelle: eigene Darstellung)

beim Empfänger. Erst dann machen wir die Erfahrung, dass wir Teil von etwas sein können, das größer ist, als nur wir selbst – und tragen so auch zu unserem eigenen Glücksempfinden bei.

Nicht nur beim „Search Inside Yourself"-Training bei *Google, SAP* und anderen Unternehmen ist Mitgefühl seit vielen Jahren ein Thema in der internen Ausbildung von Mitarbeitern und Führungskräften. *LinkedIn* vergab 2019 erstmals einen mit 100.000 US$ dotierten „Compassion Award". *LinkedIn* versteht unter Mitgefühl, ein Bewusstsein für andere zu haben, die Einstellung, das Beste für andere zu wünschen, und den Mut, Maßnahmen zu ergreifen.

Taktische Empathie
Empathie kann auch instrumentalisiert werden. Geiselverhandler wie Chris Voss, der für das FBI bei Verhandlungen mit Geiselnehmern eingesetzt worden ist, versuchen mittels verschiedener Techniken während einer Geiselverhandlung ein Vertrauensverhältnis zum Geiselnehmer aufzubauen und ihm zu signalisieren, dass er gehört wird. Idealerweise entsteht dadurch ein vertrauensbasierter Einfluss, der zur Freilassung der Geiseln führt. Die Form der Empathie, die hier „zum Einsatz" kommt, nennt Voss „taktische Empathie". Dabei handelt es sich um einen taktischen Einsatz eines Ausdrucks von Empathie für die Motive des Geiselnehmers mit dem Ziel, eine Geiselnahme friedlich zu beenden (Voss, 2019).

2.2.2 Die Stufen des Mitgefühls

Mitgefühl im Arbeitsalltag zu praktizieren, kann durchaus eine Herausforderung darstellen. Wir sind die meiste Zeit fokussiert auf das Erledigen von Aufgaben, Abarbeiten von E-Mails, an Besprechungen teilnehmen und so weiter. Sie lenken uns davon ab, zu erkennen, dass eine Kollegin oder ein Kollege gerade Schwierigkeiten hat und Unterstützung bräuchte. Die Coronavirus-Pandemie führte auch noch dazu, dass viele nur noch aus dem „Home-Office" heraus per „Video-Call" mit den Kolleginnen und Kollegen kommunizierten. In einer derartigen Arbeitskonstellation ist es eine große Herausforderung, zu erkennen, wie es dem Menschen auf der anderen Seite des Bildschirms wirklich geht. Dabei steht der Mensch letzten Endes im Mittelpunkt jedes unternehmerischen Handelns. Worline und Dutton (2017) schlagen vor, sich unter den beschriebenen Umständen an folgenden vier Schritten zu orientieren, um Mitgefühl im Arbeitsalltag zu praktizieren (Abb. 2.7).

Zu Beginn steht die **Wahrnehmung** einer persönlichen Schwierigkeit oder eines Leids. Beispielsweise ist ein Mitarbeiter nicht in gleichem Maße engagiert, wie man es von ihm gewohnt ist. Oder er ist während des Arbeitstages angespannt, vielleicht nicht wirklich bei der Sache. Der Gesichtsausdruck ist anders, als man es von ihm gewohnt ist, die Mimik ist nicht entspannt. Oder ein Mitarbeiter kommt in einer ungewohnten Stimmung in der Früh in die Arbeit. Häufig sind es kleine Hinweise, die wahrgenommen werden können. Der Moment der Achtsamkeit spielt hier eine wichtige Rolle, um auch feine Veränderungen im Verhalten der Kolleginnen und Kollegen wahrnehmen zu können. Erst dann ist es überhaupt möglich, die weiteren Schritte zum Ausdruck des Mitgefühls zu machen.

Wichtige Erkenntnisse zum ersten Schritt, die Worline und Dutton (2017, S. 37, 41) gesammelt haben, sind:

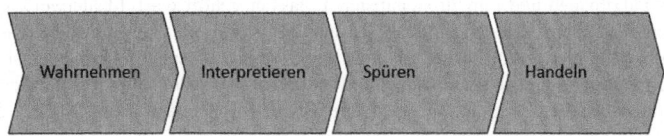

Abb. 2.7 Vier Schritte zum Mitgefühl. (Quelle: eigene Abbildung, basierend auf Worline & Dutton, 2017)

2.2 Management mit Mitgefühl

- Persönliches Leid im Arbeitsalltag wahrzunehmen ist schwieriger als man erwartet. Zeit- und Leistungsdruck lenken uns davon ab, Leid bei anderen zu erkennen.
- Wenn in der Organisation das Leid eines Menschen nicht wahrgenommen wird, kann Mitgefühl auch nicht greifen.
- Für viele ist das Sprechen über das Leid ausgesprochen schwierig, da es mit Scham oder Angst verbunden sein kann.
- Unternehmensregeln und Normen definieren möglicherweise Sanktionsmechanismen und erschweren so das Interesse an tieferliegenden Ursachen für ein bestimmtes Verhalten.
- Die Fähigkeit, Veränderungen beispielsweise im Engagement von anderen zu erkennen, kann beispielsweise durch Achtsamkeitsübungen trainiert werden.

Immer wieder endet der Weg zum Handeln mit Mitgefühl bereits bei der fehlenden Wahrnehmung.

Kommt es zum zweiten Schritt, der **Interpretation** der veränderten Situation, kann dieser in zwei Richtungen gehen (Worline & Dutton, 2017): Einerseits können wir denken, dass …

- … die Person selbst an der Situation schuld ist, in der sie nun ist.
- … die Person unsere Unterstützung nicht braucht – oder gar diese nicht wert ist.
- … wir ohnehin nichts machen können, um der Person zu helfen.

Dann ist der Weg zum Ausdruck von Mitgefühl hier beendet. Wenn wir aber einen positiven Beitrag leisten wollen, müssen wir beispielsweise folgende Interpretationen der Situation zulassen:

- Verpasste Deadlines, das Zuspätkommen zu Meetings oder ähnliches sind der Ausdruck einer tieferen Ursache für das Verhalten.
- Seien Sie also interessiert an den zugrunde liegenden Gründen, um überhaupt mit Mitgefühl reagieren zu können.
- Nehmen Sie Abstand von Schuldzuweisungen (Fehlerkultur). Pflegen Sie eine Lernkultur.

Nach den durch die Interpretation der Situation gewonnen Erkenntnissen, geht es im dritten Schritt darum, das **Gespür** für das passende Handeln im vierten Schritt zu entwickeln. Empathie und Einfühlungsvermögen sind hier gefragt. Bevor wir handeln, sollten wir überlegen und spüren, welche Handlung in der entsprechenden Situation am hilfreichsten wäre. In einem Gespräch mit der anderen Person sollten wir empathisches Zuhören praktizieren (siehe Übung in Abschn. 2.2.3) und so nicht nur die inhaltliche, sondern auch die emotionale Ebene des Gesprächs erfassen. Idealerweise herrscht im Unternehmen bereits eine Kultur, die einen humanistischen Ansatz pflegt und den Menschen in den Mittelpunkt stellt. Entsprechende Unternehmenswerte erlauben es den Mitarbeiterinnen und Mitarbeitern, offener zu kommunizieren und dadurch Empathie entwickeln zu lassen.

Schwierige Gespräche bei der Arbeit zu führen ist immer auch eine emotionale Herausforderung. Es fällt nicht jedem leicht, einen Kollegen oder eine Kollegin auf Veränderungen in der Arbeitsweise anzusprechen oder selbst über persönliche Probleme zu sprechen. Folgende Punkte können helfen, ein entsprechendes Gespräch mit emotionaler Intelligenz einzuleiten und zu führen:

- Nehmen Sie sich explizit Zeit und wählen Sie einen ruhigen Ort für das Gespräch.
- Nehmen Sie grundsätzlich eine lösungsorientierte Haltung ein.
- Fragen Sie die andere Seite, ob es ok ist, die eigenen Gedanken zu teilen.
- Erkennen Sie ihre eigene Rolle in dieser Situation an.
- Nutzen Sie „ich" anstatt „man" oder ähnliches und vermeiden Sie Anklagen.
- Seien Sie spezifisch.
- Hören Sie zu.
- Und noch einmal: bleiben Sie lösungsorientiert, klagen Sie nicht an.

Mitgefühl wäre nicht so wirkmächtig, wenn es nicht das **Handeln** als vierten Schritt umfassen würde. Wie Worline und Dutton (2017, S. 82) schreiben, ist Handeln mit Mitgefühl immer eine Improvisation. Es gibt kein Patentrezept für alle Situationen des Arbeitslebens. Häufig geschieht die Handlung spontan und basiert auf den Gedanken, die in dem Moment als die nützlichsten erscheinen, um das Leid der anderen Person zu lindern. Geschicktes Handeln mit Mitgefühl unterstützt dabei nicht nur die leidende Person, sondern trägt gleichzeitig dazu bei, die Arbeit voranzubringen. Klassische Ansätze sind beispielsweise, die Arbeitslast anders zu verteilen, regelmäßiger nachzufragen, wie es geht, grundsätzlich Unterstützung anzubieten und gegebenenfalls der betroffenen Person einige Tage freizugeben.

Warum sollte man sich diesen Prozess nun „antun", wird immer wieder gefragt. Man habe doch mit sich selbst schon genug zu tun. Im folgenden Kapitel gehen wir genauer darauf ein, welche Vorteile das Praktizieren von Mitgefühl für Angestellte und das Unternehmen als Ganzes hat.

2.2 Management mit Mitgefühl

Übung: Random Act of Kindness

Wie wir gesehen haben, ist es nicht trivial, die Momente für den Ausdruck von Mitgefühl zu erkennen und diese, anstatt zu ignorieren, zum Handeln zu nutzen. Eine klassische Übung zum Thema Mitgefühl sollte eigentlich keine explizite Übung sein, da sie möglicherweise ohnehin regelmäßig praktiziert wird: Kleine, mehr oder weniger zufällige Gesten der Freundlichkeit („Random Act of Kindness" (RAK)).

Jeden Tag ergeben sich zahllose mehr oder weniger zufällige Gelegenheiten, einem Mitmenschen einen Gefallen zu tun – doch häufig fehlt die Achtsamkeit, diese Gelegenheiten auch zu nutzen. Hier einige einfache Beispiele für einen RAK im Arbeitsalltag:

- Machen Sie in einer Pause einen „FROG" („Firmenrundgang ohne Grund") und fragen Sie Kolleginnen und Kollegen, denen Sie schon länger nicht mehr begegnet sind, wie es ihnen geht.
- Beenden Sie E-Mails mit einer wertschätzenden Bemerkung zur Arbeit des Empfängers.
- Drehen Sie eine Unterhaltung über ein negatives Thema ins Positive.
- Machen Sie jemandem ein ehrliches Kompliment.
- Fragen Sie einen langjährigen Mitarbeiter, was seine schönste Arbeitserinnerung ist.
- Lächeln Sie jedes Mal, wenn Sie jemanden begrüßen.
- Bringen Sie Blumen mit ins Büro.
- Bringen Sie ein Gebäck für den Kaffee mit Kolleginnen und Kollegen mit.

Die positiven Effekte eines RAKs tragen nachweislich zum Glücksempfinden bei. So wird die Cortisolausschüttung verringert und damit der Stresslevel gesenkt. Die Ausschüttung von Oxytocin, Endorphinen und Serotonin wird stimuliert, was wiederum zur Senkung von Blutdruck und der Steigerung des allgemeinen Wohlbefindens führt. ◄

▶ **Definition „Random Act of Kindness"** Ein „Random Act of Kindness" ist demnach ein selbstloser Akt, für den keine Gegenleistung erwartet wird – weder sofort noch zu einem späteren Zeitpunkt. Er dient dazu, eine Einzelperson oder auch eine Personengruppe zu unterstützen und etwas aufzumuntern.

▶ **„Random Acts of Kindness Foundation"** Die „Random Acts of Kindness Foundation" (https://www.randomactsofkindness.org/) bietet auf ihrer Website eine große Auswahl an Materialien und Inspirationen zur Initiierung und Umsetzung von RAKs im Alltag – insbesondere auch im Arbeitsalltag.

2.2.3 Vorteile von praktiziertem Mitgefühl in Unternehmen

Leid unter Angestellten kostet U.S. amerikanische Unternehmen jährlich schätzungsweise 75 Mrd. US$ (Lilius et al., o. a.). Jeder hat wohl im Laufe seines Arbeitslebens mehr oder weniger leidvolle Erfahrungen im Zusammenhang mit seiner beruflichen Tätigkeit gemacht: Man kommt mit einem Kollegen nicht klar, die Aufgabe bereitet keine Freude, das Unternehmen macht Verluste oder der Arbeitsplatz ist in Gefahr. Angesichts der damit verbundenen finanziellen Effekte beschäftigen sich immer mehr Führungskräfte in Unternehmen mit „Compassionate Leadership" und „Organizational Compassion".

Mitgefühl in Organisationen bezieht sich auf Aspekte der Arbeit, bei denen Mitarbeiterinnen und Mitarbeiter bemerken, dass eine Person unter etwas leidet, was sie in der Konsequenz daran hindert, ihr volles Potential zu entfalten. Dies löst Empathie bei einem oder mehreren Angestellten des Unternehmens aus und führt zu entsprechenden Reaktionen, die das Ziel haben, die bedrückenden Fragen und Probleme der Person zu lösen. Die Ursache für das Leid kann dabei im Unternehmen liegen, allerdings liegt sie häufig auch außerhalb, in familiären, gesundheitlichen oder anderen persönlichen Problemen begründet.

Praktiziertes Mitgefühl hat in dreifacher Sicht positive Konsequenzen (Lilius et al., o. a.):

Angestellte, die bei Problemen Mitgefühl im Unternehmen erfahren, …
- … gewinnen die Überzeugung, dass für das Unternehmen auch das emotionale Wohlbefinden der Mitarbeiterinnen und Mitarbeiter wichtig ist.
- … fühlen sich zufriedener bei ihrer Arbeit und identifizieren sich mehr mit dem Unternehmen.
- … erholen sich durch emotionale Unterstützung, angebotene Flexibilität oder andere Formen der Hilfe schneller von erfahrenem Leid.

Andere Angestellte im Unternehmen …
- … verstehen, wie das Unternehmen in Bezug auf seine Werte handelt, wenn es um das Wohlbefinden der Mitarbeiterinnen und Mitarbeiter geht.
- … erfahren positive Emotionen aufgrund der Unterstützung des Kollegen.
- … werden empfänglicher dafür, andere zu unterstützen und damit Stress zu mildern.

Und schließlich profitiert das Unternehmen als Organisation, indem ...
- ... Angestellte eine stärkere Verbindung zum Unternehmen verspüren, was unter anderen zu einer geringeren Fluktuation führt.
- ... wichtige zwischenmenschliche Fähigkeiten für die alltägliche Zusammenarbeit gestärkt werden.
- ... die Reputation des Unternehmens auch bei schlechten Nachrichten weniger oder gar nicht beeinträchtigt wird.

Mitgefühl kann im Rahmen der Arbeit unabhängig von Rang und Rolle praktiziert werden. Führungskräfte, die mit Mitgefühl handeln, signalisieren den Mitarbeiterinnen und Mitarbeitern, dass sie den Menschen im Arbeitsalltag in den Mittelpunkt stellen – und dass auch die Mitarbeiterinnen und Mitarbeiter entsprechend handeln sollten. Im folgenden Kapitel werden wir anhand eines Beispiels sehen, wie Mitgefühl im Arbeitsalltag praktiziert werden kann.

Übung: Empathisches Zuhören

Bei dieser Übung (Tan, 2012, S. 180–184) handelt es sich um eine Partnerübung, die sehr ähnlich zur Übung „Achtsames Zuhören" in Abschn. 2.1.5 ist. Auch diese Übung kann beispielsweise unter Kolleginnen und Kollegen, die sich ein Büro teilen oder unter zwei Teammitgliedern umgesetzt werden. Für diese Übung ist jedoch etwas mehr Offenheit erforderlich als für die Übung zum achtsamen Zuhören. Sie können die Übung auch etwas angepasst im Rahmen eines Gesprächs umsetzen, ohne dass das Gegenüber weiß, dass sie gerade „empathisches Zuhören" praktizieren.

Wichtige Voraussetzung für die Übung sind:

- Werten Sie nicht, was gesagt wird.
- Widmen Sie ihre volle Aufmerksamkeit dem Gegenüber.
- Hören Sie aufmerksam zu – erkennen Sie, was Fakten und was Gefühle sind.
- Versuchen Sie auch zu erfassen, was nicht gesagt wurde.
- Signalisieren Sie mit Ihrer Körpersprache, dass Sie aufmerksam zuhören. Achten Sie auch auf die Körpersprache des Gegenübers.
- Akzeptieren Sie möglicherweise auftretende Augenblicke der Stille.

Die Schritte der Übung sind folgende (die Anzahl der Minuten kann variiert werden):

- Wählen Sie ein Thema aus, über das Sie sprechen möchten.
- Zum Beispiel sprechen Sie über eine Herausforderung, die Sie gemeistert haben (und wie) oder jemanden der besonders wichtig für Sie ist (und warum) oder irgendein anderes Thema, das Ihnen wichtig ist. Die Wahl des Themas ist wiederum nicht entscheidend, solange es sich um ein Thema handelt, das Sie bewegt.
- Person A startet und spricht zwei Minuten über das Thema – Person B schweigt und hört zu.
- Person B gibt anschließend wieder, was Person A gesagt hat, indem B jeden Satz einleitet mit den Worten: „Ich habe gehört, dass du das Gefühl hast, dass…". Person A gibt dazu Feedback. Auch diese Runde dauert zwei Minuten (Falls Sie die Übung auf Englisch machen sollten, nutzen Sie den Satz: „What I heard you feel is …").
- Nun werden die Rollen getauscht.
- In den letzten zwei Minuten besteht die Möglichkeit einer freien Konversation.

Diese Übung kann für beide Teilnehmer eine intensive Erfahrung sein, denn sie geht über das reine Erfassen und das Wiedergeben der gesprochenen Worte hinaus. Tatsächlich geht es darum, die Gefühle hinter den Worten zu erkennen und den Kontext des Erzählten zu absorbieren. Beim Wiedergeben des Gesagten findet keine Wertung statt. Empathie und Mitgefühl werden aktiv „geweckt", und das Bewusstsein für tiefes Zuhören im Gegensatz zu oberflächlichem Hinhören bei einem Gespräch geschaffen.

Die Übung trägt im Ergebnis unter anderen dazu bei, Empathie zu entwickeln, die Selbstwahrnehmung zu schärfen, die Beobachtungsgabe auszubauen, die Kommunikation mit Kolleginnen und Kollegen sowie ihre Einstellung zur Arbeit zu verbessern, da sie das Gefühl haben, tatsächlich gehört (und idealerweise verstanden) zu werden. Durch empathisches Zuhören schaffen Sie Vertrauen und Respekt, vermeiden Fehler und Konflikte, stärken Teamwork und tragen dazu bei, Probleme (schneller) zu lösen.◄

2.2.4 Wie Führung und Mitgefühl zusammenpassen

In einem Gespräch mit dem Gründer und Gastgeber der Wisdom 2.0 Konferenzen, Soren Gordhamer, beschreibt der ehemalige CEO des sozialen Netzwerks für Berufstätige, *LinkedIn,* Jeff Weiner, wie er in kritischen Situationen mit Mitgefühl reagiert. Wir alle kennen Momente im Arbeitsalltag, in denen wir uns über jemanden aufregen und emotional werden, was wir dann nicht einmal bewusst wahrnehmen. Jeff Weiner meint, dass man in diesen Momenten versuchen sollte, „Zuschauer seiner eigenen Gedanken" zu werden, um damit Distanz zu seinen Emotionen aufzubauen. Dies erlaube es uns, uns in die Lage desjenigen zu versetzen, der durch sein Handeln unsere Emotionen ausgelöst hat (Eine Technik könnte „SBNRR" oder die „drei Atemzüge" sein – siehe Abschn. 2.1.3). Nur so können wir überhaupt erst beginnen, Empathie für die andere Person zu entwickeln.

Angenommen, wir haben von einer Person eine wütende E-Mail bekommen, deren Inhalt und Art der Kommunikation uns aufwühlt. Eine unmittelbare Reaktion könnte sein, reflexartig auf „Antworten" zu klicken und ohne zu zögern eine emotionale E-Mail zurückzuschreiben. Was hätten wir davon? Was würde dann passieren? Im Zweifel schaukeln sich die Emotionen gegenseitig hoch und die Situation eskaliert immer weiter. Wir könnten jedoch auch mit Achtsamkeit einen Raum zwischen dem Impuls und unserer Reaktion schaffen. Wir könnten uns dann fragen, warum die Person sich so verhält, wie sie sich verhält. Es ist nicht unwahrscheinlich, dass man selbst gar nicht die Ursache für den Tonfall ist, sondern eine andere Situation, in der sich die Person gerade befindet – oder vielleicht eine Situation, die schon Jahre zurückliegt und nichts mit einem selbst zu tun hatte. Insofern kann die Person nicht wirklich beschuldigt werden, falsch zu handeln. Jeff Weiner hat nach dem Erhalt der E-Mail kurz pausiert und dann zum Telefon gegriffen. Er fragte nach, ob es darum ginge, ein Problem zu lösen oder lediglich „Dampf abzulassen". Nachdem es tatsächlich darum ging, ein Problem zu lösen, sprach er mit dem Mitarbeiter zuerst über das Problem und versuchte eine Lösung zu finden. Dann führte er das Gespräch aber noch weiter und fragte gezielt nach, was die Ursache für den Ton war, in dem die E-Mail geschrieben worden war. Er sah dies als eine gute Möglichkeit, über ein tiefer liegendes Problem zu sprechen, welches offensichtlich den Mitarbeiter bewegte. Nur auf diese Weise können tief greifende und langanhaltende Verbesserungen umsetzt werden.

Um mit Mitgefühl handeln zu können, trennt Jeff Weiner die Sachebene von der menschlichen Ebene. Er betrachtet das Thema nicht dann als erledigt, sobald eine Lösung auf der Sachebene gefunden wurde, sondern widmet sich gezielt noch der menschlichen Ebene. Auf diese Weise versucht er, zusammen mit dem Mitarbeiter zu verhindern, dass sich bestimmte grundlegende Probleme aufstauen.

Ohne die Berücksichtigung der motivationalen Komponente des Mitgefühls könnten die aufgestauten Probleme im Arbeitsalltag dazu führen, dass keine optimalen Lösungen gewählt werden.

▶ **Video „Nonreactive Communication"** Das Video des Gesprächs zu dem geschilderten Beispiel der „Nonreactive Communication" zwischen Jeff Weiner und Soren Gordhamer finden Sie unter: https://www.youtube.com/watch?v=i-iM3Cq3Xfl

Auch wenn das Praktizieren von Mitgefühl also eine Reihe von positiven Effekten im Unternehmen hervorrufen kann, hat Mitgefühl unter Führungskräften einen „soften" Ruf: „Wer ständig Mitgefühl für die Probleme seiner Mitarbeiterinnen und Mitarbeiter zeigt, bringt die Dinge nicht voran." – „Manchmal müssen eben harte Entscheidungen getroffen werden, man kann nicht immer die Befindlichkeiten aller berücksichtigen." sind gängige Denkmuster.

Diese Sichtweise unterschlägt, dass aktives Handeln ein untrennbarer Bestandteil von Mitgefühl ist. Chade-Meng Tan vergleicht in diesem Zusammenhang die Definition von Mitgefühl mit den essenziellen Fähigkeiten, die die erfolgreichsten Führungskräfte der Welt auszeichnen. In seinem Bestseller „Good to Great" identifizierte Jim Collins (2001) unter anderen fünf Kategorien von Mitarbeitern und Führungskräften in einem Unternehmen. Während auf der untersten Ebene sehr fähige, individuelle Mitarbeiterinnen und Mitarbeiter stehen, bilden „Level 5 Leader" die Spitze in besonders erfolgreichen Unternehmen. „Level 5 Leader" sind demnach „Individuen, die herausragende persönliche Demut mit intensivem professionellem Willen" kombinieren. Sie lenken ihre individuellen Ego-Bedürfnisse von sich weg und auf das höhere Ziel, ein großartiges Unternehmen aufzubauen (Collins, 2001, S. 20–21). In seinem TEDPrize@UN-Vortrag zum Thema „Mitgefühl bei Google" zeigt Chade-Meng Tan, dass „herausragende persönliche Demut" sowie der „Wille zum Handeln" genau diejenigen Eigenschaften sind, die Mitgefühl ausmachen: Die kognitive und affektive Komponente des Mitgefühls entsprechen der Demut im „Level 5 Leader"-Modell und die motivationale Komponente dem Willen zum Handeln (Abb. 2.8).

▶ **Video „Everyday compassion at Google"** Ein Video von Chade-Meng Tans TEDPrize@UN-Vortrag ist unter https://www.youtube.com/watch?v=yTR4sAD_4qM zu finden.

Es ist nie zu spät, die positiven Effekte von praktiziertem Mitgefühl während der Arbeit erfahren zu können. Jeff Weiner meinte hierzu einmal während einer

2.2 Management mit Mitgefühl

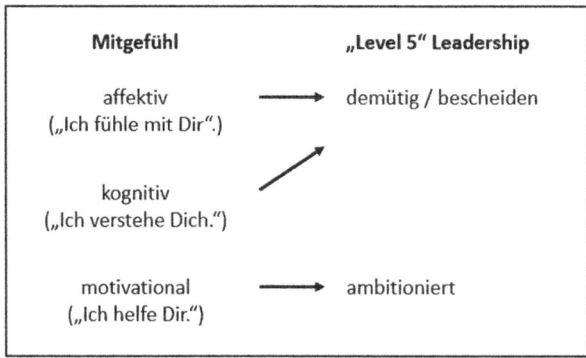

Abb. 2.8 Mitgefühl und „Level 5 Leadership". (Quelle: eigene Übersetzung in Anlehnung an Tan, 2010)

Ansprache an die Graduierten seiner Alma Mater, der *Wharton School* an der *University of Pennsylvania:* „In all seriousness, the advice I would give my 22-year old self is to be compassionate." (Weiner, 2018)

Übung: „Self-compassionate letter"

Mitgefühl richtet sich zwar in der Regel an eine andere Person, kann aber auch gegenüber einem selbst praktiziert werden. Eine klassische Übung hierzu ist, einen „Selbstmitgefühl-Brief" zu verfassen. Die Psychologin Kristin Neff von der *University of Texas* in Austin und Leiterin des *„Center for Mindful Self-Compassion"* schlägt hierzu folgende Vorgehensweise vor (Dauer mind. 15 min; die Beschreibung orientiert sich stark an o. A., 2021, eigene Übersetzung):

- Identifizieren Sie zunächst etwas an sich, weswegen Sie sich unwohl, unsicher oder nicht gut genug fühlen. Es könnte etwas sein, das mit Ihrer Arbeit, Ihrer Persönlichkeit, Ihrem Verhalten, Ihren Fähigkeiten, Beziehungen oder einem anderen Teil Ihres Lebens zusammenhängt.
- Wenn Sie etwas identifiziert haben, schreiben Sie es auf und beschreiben Sie, wie Sie sich diesbezüglich fühlen. Versuchen Sie, so ehrlich wie möglich zu sein und denken Sie daran, dass niemand außer Ihnen sehen wird, was Sie schreiben.

- Der nächste Schritt besteht darin, einen Brief an sich selbst zu schreiben, in dem Sie Mitgefühl, Verständnis und Akzeptanz für den Teil Ihrer selbst zum Ausdruck bringen, den Sie nicht mögen.

Folgende Leitlinie können Ihnen beim Verfassen des Briefes helfen:

- Stellen Sie sich vor, es gibt jemanden, der Sie bedingungslos liebt und akzeptiert, so wie Sie sind. Was würde diese Person Ihnen über diesen Teil von Ihnen sagen?
- Überlegen Sie, wie Ereignisse in Ihrem persönlichen oder beruflichen Leben, dem familiären Umfeld, in dem Sie aufgewachsen sind, oder sogar Ihre Gene zu diesem negativen Aspekt Ihrer selbst beigetragen haben.
- Fragen Sie sich mitfühlend, ob es Dinge gibt, die Sie tun können, um diesen negativen Aspekt zu verbessern oder besser zu bewältigen. Konzentrieren Sie sich darauf, wie konstruktive Veränderungen dazu führen können, dass Sie sich glücklicher, gesünder oder erfüllter fühlen, und vermeiden Sie es, sich selbst zu beurteilen.
- Nachdem Sie den Brief geschrieben haben, legen Sie ihn eine Weile zur Seite. Kommen Sie später darauf zurück und lesen Sie ihn noch einmal. Es kann besonders hilfreich sein, ihn zu lesen, wenn Sie sich in Bezug auf den ausgewählten Aspekt schlecht fühlen, um sich daran zu erinnern, dass Sie selbstmitfühlender sein sollten.

Kristin Neff sieht in der Übung eine gute Möglichkeit, anstatt harte Selbstkritik zu üben, mit Mitgefühl und Verständnis auf eine gesündere Art Antworten zu finden. „Selbstmitgefühl" besteht ihrer Erkenntnis nach aus drei Hauptkomponenten: (1) Achtsamkeit, (2) einem Gefühl der gemeinsamen Menschlichkeit und (3) Freundlichkeit gegenüber sich selbst. Untersuchungen zeigen, dass Menschen, die mit Mitgefühl auf ihre eigenen Fehler und Rückschläge reagieren, anstatt sich selbst hart zu kritisieren, insgesamt körperlich und geistig gesünder leben (o. A., 2021).◄

2.3 Dankbarkeit als Schlüssel zum Glück

Der Volksmund weiß, dass es häufig die kleinen Dinge sind, die Freude bereiten und für die es dankbar zu sein gilt. Besonders im Arbeitsalltag verschwimmen diese Dinge jedoch zu einem kaum beachteten Hintergrundrauschen: Wenn im Bürogebäude der Aufzug kaputt ist, ärgern wir uns, dass wir zu Fuß durch das

Treppenhaus müssen – anstatt dankbar dafür zu sein, dass wir an 99 % der Arbeitstage den Aufzug nehmen können. Oder wir sind mit unserem Gehalt und der Anzahl der Urlaubstage nicht zufrieden –insbesondere, wenn wir beobachten, wie viel andere davon haben, anstatt dankbar dafür zu sein, dass wir einen sicheren Job haben, der auch noch Spaß macht.

Lassen Sie uns das Kapitel zum Thema Dankbarkeit mit einer weiteren Kurzreflexion starten.

Kurzreflexion

Nehmen Sie sich fünf Minuten Zeit und beantworten Sie kurz folgende Fragen – am besten schriftlich:

- Welche alltäglichen Momente könnten Sie mehr genießen, indem Sie dankbar für diese einfachen Augenblicke sind?
- Welchen Schritt könnten Sie machen, um eine entsprechende Routine in Ihren Alltag einzubauen?◄

2.3.1 Vergleichen und das Ende des Glücks

Wie wir im Kapitel zur Achtsamkeit gesehen haben, fällt es uns schwer, sich vom Werten und Urteilen zu lösen. Bei bestimmten Entscheidungen müssen wir jedoch manchmal werten und urteilen, um ein sinnvolles und gutes Ergebnis zu erzielen. Stellen Sie sich zwei fiktive Welten vor:

1. In der ersten Welt verdienen Sie 50.000 EUR im Jahr, während alle anderen im Durchschnitt 25.000 EUR im Jahr verdienen.
2. Die zweite Welt sieht genauso aus, wie die erste, allerdings verdienen Sie hier 100.000 EUR im Jahr, während alle anderen 250.000 EUR im Jahr verdienen.

Wie gesagt: Nehmen Sie an, dass abgesehen vom Gehalt in beiden Welten alles gleich ist, auch die Preise für Produkte (ceteris paribus). In welcher dieser beiden Welten würden Sie lieber leben?

Nehmen Sie sich für Ihre Entscheidung etwas Zeit und machen Sie sich bewusst, welche Gedanken durch Ihren Kopf gehen, während Sie das Für und Wider der beiden Welten abwägen. – Für welche der beiden Welten haben Sie sich entschieden?

Falls Sie lieber in der ersten Welt leben würden, haben Sie die gleiche Entscheidung getroffen, wie die meisten Harvard-Studierenden, denen im Rahmen einer Studie genau diese Frage gestellt wurde (Layard, 2011, S. 42). Falls Sie lieber in der zweiten Welt leben würden, hatten Sie sehr wahrscheinlich einen ähnlichen Abwägungsprozess wie die Harvard-Studierenden durchgemacht, sich dann aber von einer stetigen Versuchung gelöst: Sie haben beschlossen, sich nicht davon beeinflussen zu lassen, dass andere deutlich mehr als sie verdienen. Stattdessen haben Sie beschlossen, nur das eigene Einkommen als Grundlage für Ihre Entscheidung zu nehmen. Und trotzdem haben Sie sich nicht ganz vom Vergleichen gelöst, denn immerhin haben Sie sich für die für Sie bessere Welt entschieden, in der Sie doppelt so viel verdienen wie in der anderen Welt (natürlich ist die Aufgabe so konstruiert, *dass* Sie vergleichen).

Wer hier vergleicht stärkt seine Unzufriedenheit und verpasst sein Glück. Tatsächlich bewerten wir häufig nicht unser absolutes Einkommen, mit dem wir ohne weiteres zurechtkommen würden, sondern unser wahrgenommenes relatives Einkommen im Vergleich zu Kolleginnen und Freunden, die möglicherweise mehr verdienen. Gleiches gilt für unseren relativen Lebensstandard im Vergleich zu unseren Nachbarn und sogar unseren relativen Erfolg im Vergleich zu anderen erfolgreichen Menschen. So ist es doch erstaunlich, dass die unglücklichste Person auf einem Olympischen Siegerpodest der Silbermedaillengewinner ist – und nicht der Bronzemedaillengewinner (Layard, 2011, S. 44). Ohne selbst je die Erfahrung gemacht zu haben, würden wir doch annehmen, dass wir uns über eine olympische Silbermedaille ungemein freuen würden – mehr als über Bronze. Doch für Sportler scheint es öfters zu heißen, dass sie nicht Silber gewonnen, sondern Gold verloren haben – während der Bronzemedaillengewinner froh darüber ist, überhaupt eine Medaille gewonnen zu haben.

„Je mehr Vergleich, desto gemächlicher und kläglicher wird eines Menschen Leben." schrieb Søren Kierkegaard bereits 1847 in seinem Werk „Erbauliche Reden in verschiedenem Geist" (Kierkegaard, 1847). Menschen vergleichen sich im Alltag zumeist mit Mitgliedern ihrer Referenzgruppe, vor allem Freunden (zumindest gaben dies 28 % der Befragten in einer Studie der Ökonomin Juliet Schor an), sowie Arbeitskolleginnen und -Kollegen (22 %) (Schor, 1999). Doch was ist es tatsächlich, das wir dann vergleichen? Häufig sind dies lediglich oberflächliche, sichtbare Dinge. Die britische „Action for Happiness"-Initiative formuliert dies auf einem ihrer Poster besonders eindrücklich:

▶ „Don't compare your insides with other people's outsides."

2.3 Dankbarkeit als Schlüssel zum Glück

So wissen wir beispielsweise nicht, wie es dem Kollegen, der befördert wurde, wirklich geht. Zwar verdient er nun mehr als wir und hat er sich gerade ein Haus gekauft, möglicherweise steht er aber kurz vor einem Burnout und/oder seine Familie rebelliert, weil er sie kaum sieht. Im Vergleichswettbewerb gibt es außerdem kein höchstes Ende. Selbst ein Multimilliardär, der sich die längste und teuerste Yacht bauen ließ, wird eines Tages feststellen, dass sie nur noch die zweitlängste und zweitteuerste Yacht sein wird.[10] Es wird immer jemanden geben, der reicher ist, ein schöneres Haus besitzt, einen bunteren Garten pflegt, eine tolle Musterfamilie, mehr und berühmtere Freunde hat oder was auch immer Sie vergleichen möchten. Insbesondere auf Einkommen, Vermögen und Konsum basierende Vergleiche haben einen rivalisierenden Charakter. Statusvergleiche „nach oben" bringen es mit sich, dass man sich selbst mit seinen (materiellen) subjektiven Mängeln konfrontiert. Wenn man sich also schon dem Statusvergleichen hingibt, sollte man nie „nach oben" vergleichen, sondern „nach unten". Dies kann eher zum subjektiven Glücksempfinden beitragen. Insbesondere, wenn man hierbei erkennt, dass es viel im Leben gibt, für das man dankbar sein kann.

▶ Alle Poster der *Action for Happiness* Initiative sind im Internet unter https://www.actionforhappiness.org/happiness-posters zu finden.

Das Vergleichen ist jedoch auch nicht kategorisch abzulehnen. So kann ein Vergleichen mit anderen Menschen, wie zum Beispiel Idolen oder den älteren Trainingspartnern im Sportverein, auch positive, inspirierende und motivierende Effekte haben. Es sollte jedoch klar sein, dass man keine Kopie der Person ist, mit der man sich vergleicht, und über anders ausgeprägte Fähigkeiten und Möglichkeiten verfügt. Außerdem haben selbst Idole ihre eigenen Idole – und wo wäre dann das tatsächliche Ende des Vergleichens? Beim Idol oder beim Idol des Idols (welches möglicherweise wiederum Idole hat)?

Kommen wir noch einmal zurück zu unseren zwei Welten. Nehmen wir nun an, dass Sie wieder die Möglichkeit hätten, sich für ein Leben in einer von zwei Welten zu entscheiden.

1. Dieses Mal haben Sie in der ersten Welt zwei Wochen Urlaub im Jahr, während alle anderen eine Woche Urlaub haben.

---

[10] Falls Sie einmal nachschauen möchten, wo Ihre Yacht gerade im Top 100 Ranking der Superyachten steht, dann werfen Sie am besten einen Blick auf https://www.superyachts.com/top-100/largest.

2. In der zweiten Welt haben Sie vier Wochen Urlaub pro Jahr und alle anderen haben acht Wochen Urlaub.

In welcher der beiden Welten würden Sie dieses Mal lieber leben? Nach kurzem Vergleichen (richtig?) kommen Sie wahrscheinlich, wie 80 % der Harvard-Studierenden, zu dem Ergebnis, dass Sie lieber in der zweiten Welt leben würden. Wenn es um die Dauer der Freizeit geht, scheint also deutlich weniger Rivalität zu bestehen. Für das Arbeitsleben ist dies natürlich problematisch, denn dies würde bedeuten, dass wir zu viel Freizeit dafür opfern, unser Einkommen zu steigern. Überstunden tragen demnach nicht zu einer Steigerung des Glücks bei (Golden & Wiens-Tuers, 2006).

2.3.2 Die Tretmühlen des Lebens

Das Einkommen, welches wir also unter Aufopferung von offensichtlich zu viel Freizeit verdienen, können wir entweder sparen, spenden, verschenken, verspielen oder für Konsumgüter und Dienstleistungen ausgeben (vielleicht fallen Ihnen noch weitere Möglichkeiten ein, wie Sie Ihr mühsam verdientes Geld wieder loswerden…).

Mit dem Ausgeben für Konsumgüter ist es dabei so eine Sache: Im Rahmen der *Greenpeace*-Studie „After the Binge, the Hangover – Insights Into the Minds of Clothing Consumers" (Wahnbaeck & Roloff, 2017) wurden Konsumenten in Deutschland, Italien, Taiwan, Hongkong und China zu ihren Einkaufsgewohnheiten beim Kleidungskauf befragt. Abgesehen davon, dass die meisten Befragten angaben, dass sie mehr Kleidungsstücke besitzen würden, als sie tatsächlich benötigten (in Deutschland 60 %, in Hongkong 66 % und in Italien immerhin 51 %), scheint der Kauf dieser Kleidungsstücke sie auch nicht wesentlich glücklicher zu machen. Auf die Frage, wie lange der „Buzz", also das „freudige Kribbeln" über den Kauf des Kleidungsstücks anhielt, antworteten…

- … 8 % einige Augenblicke
- … 24 % einen halben Tag
- … 33 % einen Tag
- … 25 % zwei bis drei Tage
- … 4 % vier bis sechs Tage
- … 6 % eine Woche oder länger (Wahnbaeck & Roloff, 2017, S. 9).

2.3 Dankbarkeit als Schlüssel zum Glück

Bei der Hälfte der Konsumenten hält die Freude über den Einkauf also weniger als einen Tag an! Tatsächlich kennt ein Großteil der Konsumierenden diesen Effekt. Viele sind sogar frustriert darüber, dass sie immer wieder überflüssigem Konsum verfallen, der ihnen nur für einige Momente einen „Glücksboost" verschafft, und dennoch fällt es den meisten schwer „auszusteigen".

„Schuld" daran sind die Hamsterräder und Tretmühlen, in die der Konsument nur allzu leicht hineingerät: Er sieht etwas Verlockendes, entwickelt das Bedürfnis, es zu besitzen, kauft es und ist dann glücklich – für vielleicht einen halben Tag (siehe oben). Doch allzu schnell gewöhnt er sich an den neuen Besitz und der initiale „Glückseffekt" löst sich auf. Bis er wieder etwas sieht, das ihm einen mehr oder weniger kurzen „Glücksboost" verleihen könnte: Er ist gefangen in der hedonistischen Tretmühle (siehe Abb. 2.9). Die ständige Orientierung in Richtung des persönlichen individuellen Happiness-Set-Points (siehe Abschn. 1.3) wird „Adaption" genannt. Dieser Gewöhnungseffekt wird beim Einkauf regelmäßig unterschätzt. Und so hält die hedonistische Tretmühle die Konsumgüterwirtschaft am Laufen, während der Konsument selbst trotz regelmäßigen Konsums, was sein Glück betrifft, auf der Stelle tritt (Layard, 2011, S. 48–49).

Abb. 2.9 Hedonistische Tretmühle. (Quelle: eigene Darstellung)

> **Übung: „Monat des Ausmistens"**
>
> Eine erfahrungs- und lehrreiche „Übung wider die hedonistische Tretmühle" wird von den beiden „Minimalisten" Joshua Fields Millburn und Ryan Nicodemus (Fields Millburn & Nicodemus, 2015) vorgeschlagen: Ein „Monat des Ausmistens".
> Hierzu wählen Sie einen beliebigen Monat im Jahr aus und starten am 1. des Monats damit, einen Gegenstand aus Ihrem Haushalthalt auszusortieren. Am besten legen Sie ihn in eine Schachtel oder eine große Tüte. Am zweiten Tag wählen Sie zwei Gegenstände und sortieren sie aus. Am dritten Tag drei, am vierten vier und so weiter. Wenn Sie konsequent bleiben, werden Sie am Ende eines Monats mit 31 Tagen 496 Gegenstände aussortiert haben. Diese können Sie dann gesammelt spenden, auf dem Flohmarkt verkaufen, auf einer Party verschenken – oder schlimmstenfalls wegwerfen.
> Um die Übung nachhaltig wirken zu lassen, kombinieren Sie sie mit der „One in, one out"-Regel: Es kann nur ein neuer Gegenstand in den Haushalt aufgenommen werden, wenn Sie dafür einen bestehenden aussortieren. So halten Sie die Anzahl der Gegenstände zu Hause auf einem beständigen Niveau.
> Natürlich können Sie die Übung auch im Büro umsetzen, falls Sie dort zu viel rumliegen haben und – vielleicht sogar mit Kollegen zusammen – einmal ausmisten müss(t)en. ◄

Etwas anderes ist es, wenn Sie Ihr Geld nicht für physische Konsumgüter, sondern für Erfahrungen ausgeben. Menschen unterschätzen, wie viel sinnvoller es für die Steigerung des Glücks ist, das Geld für Lebenserfahrungen, anstatt Produkte auszugeben. Wir unterscheiden dabei zwischen „Erfahrungskonsum" und „Konsum eines Produktes". Vor dem Kauf denken die meisten, dass ihr Geld in einem Produkt besser angelegt wäre, als wenn sie das Geld für eine Erfahrung ausgeben würden (zum Beispiel für eine Reise oder einen Kinobesuch).

Wie Abb. 2.10 zu entnehmen ist, dreht sich nach dem Kauf die Einschätzung jedoch um – und zwar kurzfristig wie auch längerfristig (Pchelin & Howell, 2014). Carter und Gilovich (2010) zeigten in einer Studie, dass die Zufriedenheit mit dem Kauf kurz nach dem Kaufzeitpunkt bei einem Produkt und bei einer Erfahrung ungefähr gleich hoch ist. Über die Zeit sinkt jedoch die Zufriedenheit mit dem Produkt – und steigt diejenige mit der Erfahrung. Van Boven und Gilovich (2003) hatten bereits früher gezeigt, dass Erfahrungskonsum über die Zeit signifikant stärker zum Glücksgefühl im Leben beiträgt.

Warum ist das so? Thomas Gilovich nennt hierfür drei wesentliche Gründe:

2.3 Dankbarkeit als Schlüssel zum Glück

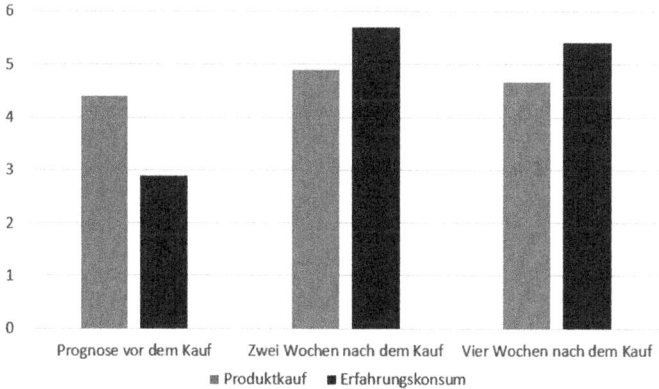

Haben Sie das Gefühl, dass Sie Ihr Geld sinnvoll ausgeben werden/ausgegeben haben?
(1 = überhaupt nicht; 7 = sehr)

Abb. 2.10 Beurteilung der Qualität der Kaufentscheidung bei Erfahrungskonsum verglichen mit dem Konsum eines Produktes. (Quelle: eigene Darstellung in Anlehnung an Pchelin & Howell, 2014)

1. Erlebnisse werden ein größerer und untrennbarer Teil von uns als Person.
2. Erlebnisse liefern mehr und bessere Geschichten.
3. Erlebnisse verbinden uns mehr mit anderen.

▶ **Tip** Verschenken Sie im Unternehmen zu besonderen Anlässen nicht Gutscheine für ein Geschäft, sondern einen Gutschein für eine Erfahrung. Auch im Privatleben kann es sich lohnen, umzudenken: Verschenken Sie nicht ein weiteres Objekt, das eines Tages aus dem Leben seines Eigentümers verschwindet, sondern eine Erfahrung, möglicherweise sogar eine gemeinsame Erfahrung.

Die hedonistische Tretmühle ist nur eine von vier Tretmühlen, die Mathias Binswanger in seinem Buch „Die Tretmühlen des Glücks" beschreibt (Binswanger, 2014). Er nennt diese Tretmühle die „Anspruchstretmühle". Die Mechanismen einer weiteren Tretmühle, der Statustretmühle, haben wir bereits im Abschnitt über das Vergleichen kennengelernt: Es wir immer jemanden geben, der eine größere, schnellere und schönere Version von dem hat, nach dem man selbst strebt.

Zu allem Unglück gibt es jedoch noch zwei weitere Tretmühlen: Die Multioptionstretmühle stellt sicher, dass wir unsere getroffenen Entscheidungen angesichts der großen Auswahl von Produkten immer wieder lediglich für die zweitbeste Entscheidung halten – wenn überhaupt. Die Psychologen Sheena Iyengar und Mark Lepper konnten zeigen, dass die Multioptionstretmühle beim Kauf von Gourmet-Marmelade und Schokolade dazu führt, dass eine geringere Auswahl von Produktvarianten zu einer größeren Zufriedenheit mit der getroffenen Entscheidung beiträgt (Iyengar & Lepper, 2000). Zwar bereitet eine größere Auswahl den Menschen mehr Freude beim Vorgang des Auswählens, allerdings schlägt dann beim Verzehr der gekauften Schokolade der Zweifel an der Qualität der Entscheidung durch. Ob nicht eine andere Schokolade doch besser geschmeckt hätte?

Ähnlich ist es auch bei beruflichen Entscheidungen. „The grass is always greener on the other side." – und so überlegt man, den Job zu kündigen, auch wenn es beim gegenwärtigen Arbeitgeber eigentlich nicht so schlecht ist. Wenn man sich dann doch für einen Wechsel entscheidet, kann es passieren, dass man nach einigen Monaten oder wenigen Jahren ein Mitglied im Club der „Boomerang Employees" wird: Angestellte, die ihren Arbeitgeber verlassen, um in einem anderen Unternehmen zu arbeiten – nur, um dann nach einiger Zeit wieder zum ursprünglichen Arbeitgeber zurückzukehren. Zwar ist nicht jedes Unternehmen offen für ehemalige Mitarbeiterinnen und Mitarbeiter, die wieder einsteigen möchten. Doch es kann sich auch lohnen, besonders qualifizierte „Boomerang-Employees" nach ihrem Ausflug wieder einzustellen, denn immer wieder bringen sie frische Ideen mit und gehören nach der Rückkehr zu den loyalsten Mitarbeiterinnen und Mitarbeitern.

Wer sich auch von der Multioptionstretmühle fernhalten kann, tappt dafür vielleicht in die Zeitspartretmühle, die Mathias Binswanger als vierte Tretmühle des Alltags beschreibt. Eine Variante der Tretmühle lässt sich anschaulich anhand der Veränderungen in der Unternehmenskommunikation in den vergangenen Jahren und Jahrzehnten beschreiben. Noch vor einer Generation bestand ein Großteil der beruflichen Kommunikation darin, Briefe zu schreiben, Faxe zu versenden und Telefonate zu führen. Heute bilden E-Mail, Messenger und Unternehmenskommunikationsplattformen die Säulen der Kommunikation. Sie sparen sehr viel Zeit. Doch was geschieht mit der gesparten Zeit? Kaum jemand arbeitet heute weniger als noch vor einigen Jahren. Nur selten stößt man auf Unternehmen, die eine Viertagewoche anbieten. Die neu gewonnene Zeit wird also nicht etwa dazu genutzt, mehr Freizeit für Familie, Freunde und sich selbst zu haben, sondern sie wird dazu genutzt, noch mehr E-Mails zu schreiben und noch mehr Zeit auf der Unternehmenskommunikationsplattform zu verbringen. Zeitsparende Innovationen können also nur dann zu einer tatsächlichen Zeitersparnis führen, wenn bei der Art der Tätigkeit, bei der Zeit gespart wird, natürliche Grenzen bestehen. Andernfalls lässt sich lediglich mehr vom Gleichen erledigen, was schnell zu einer Überforderung führen kann.

Der Ausstieg aus dem Vergleichen kann also helfen, insbesondere aus den ersten drei Tretmühlen auszusteigen. Ein wichtiger Mechanismus hierzu ist Dankbarkeit, welche ein weiteres großes Thema in der Glücksforschung darstellt. Dankbarkeit wird insbesondere im Unternehmenskontext häufig sehr klein geschrieben – schließlich sollte der Arbeitnehmer schon dankbar dafür sein, dass er überhaupt in dem Unternehmen arbeiten darf und dafür auch noch Geld bekommt. Doch es gibt auch andere Beispiele und vor allem gute Gründe dafür, Dankbarkeit und Anerkennung im unternehmerischen Handeln eine wichtige Rolle einzuräumen.

2.3.3 Dankbarkeit und die Definition einer unterschätzten Tugend

Dankbarkeit ist offensichtlich eine unterschätzte Tugend: Cicero meinte bereits, dass Dankbarkeit nicht nur die größte, sondern die Mutter aller anderen Tugenden sei. Für Seneca stehen Undankbare noch unter Dieben, Vergewaltigern und Ehebrechern. Und David Hume schrieb, dass von allen Verbrechen, die menschliche Wesen begehen können, das furchtbarste und unnatürlichste Undankbarkeit sei (Allen, 2018). Die Bedeutung von Dankbarkeit kann also gar nicht hoch genug geschätzt werden.

In den Augen der beiden Psychologen Robert A. Emmons und Michael McCullough trotzt Dankbarkeit einer eindeutigen Klassifizierung. Manche verstehen darunter eine Emotion, andere eine Haltung, eine moralische Tugend (siehe oben), eine Gewohnheit, ein Persönlichkeitsmerkmal oder eine Bewältigungsreaktion (Emmons & McCullough, 2003, S. 377). Immer wieder wird sie auch als Schwäche gesehen, denn schließlich erkenne man an, dass jemand anderes etwas für einen geleistet hat, zu dem man selbst aus welchem Grund auch immer (Zeit, Geschicklichkeit, Kraft, Intellekt, …) nicht im Stande gewesen war. Dabei bedeutet das lateinische Wort „gratia" neben Dank und Gefälligkeit auch Ansehen, Freude und Anmut. Das Objekt der Dankbarkeit ist immer eine andere Person oder auch eine nicht-menschliche Quelle wie zum Beispiel die Natur, ein Gott oder die Sterne.

▶ **Definition Dankbarkeit** Emmons und Mishra schlagen folgende Definition für Dankbarkeit vor: „Dankbarkeit ist eine Würdigung dessen, dass wir von anderen etwas Wertvolles erhalten haben."[11] (Emmons & Mishra, 2011, S. 248).

Emmons und McCullough (2003) sehen Dankbarkeit als das Ergebnis eines zweistufigen kognitiven Prozesses:

1. In der ersten Stufe erkennt der Mensch, dass er ein positives Ergebnis erzielt hat.
2. In der zweiten Stufe erkennt er, dass es eine externe Quelle für das positive Ergebnis gibt – es sich bei dem Ergebnis also um ein „altruistisches Geschenk" handelt.

Bereits der erste Schritt geht im Arbeitsalltag häufig unter. Wir sind im Autopilotmodus und die Meta-Aufmerksamkeit, ganz zu schweigen von der Achtsamkeit für den Moment fehlen (Abhilfe können hier einige Übungen aus Abschn. 2.1 schaffen). Der zweite Schritt macht deutlich, dass man, wie erwähnt, nicht sich selbst dankbar für etwas sein kann. Es bedarf immer einer äußeren Quelle. Im Arbeitsalltag sind dies beispielsweise Kollegen, Mitarbeiter, Vorgesetzte oder auch die Tatsache, eine Aufgabe zu haben, die einem Spaß macht.

Eine Formel für Glück
Eine kleine Randbemerkung: Der amerikanische Hotelier, Entrepreneur und Autor Chip Conley hat für Glück eine einfache Formel entwickelt:

$$\text{Glück} = \frac{\text{Begehren, was man hat}}{\text{Haben, was man begehrt}} = \frac{\text{Dankbarkeit}}{\text{Befriedigung}}$$

Demnach nimmt das persönliche Glück zu, wenn man dankbar für das ist, was man hat; und es nimmt ab, wenn man immer weiter nach Befriedigung zum Beispiel durch Konsum strebt (Conley, 2012, S. 173–184).

---

[11] Im Original: „Gratitude is an acknowledgement that we have received something of value from others."

2.3.4 Dankbarkeit im Arbeitsalltag

Der Ausdruck von Dankbarkeit kommt im Arbeitsalltag jedoch ausgesprochen selten vor. In einer 2012 in den USA durchgeführten Online-Umfrage unter 2000 Personen, gaben nur 10 % der Befragten an, dass sie gegenüber Kolleginnen und Kollegen Dankbarkeit ausdrücken würden. 60 % der Befragten zeigen ihre Dankbarkeit nie oder nur ein Mal im Jahr. Gegenüber den Vorgesetzten drücken die Arbeitnehmerinnen und Arbeitnehmer noch seltener ihre Dankbarkeit aus. Dabei geben 88 % an, dass es sie glücklicher und erfüllter macht, wenn sie ihre Dankbarkeit gegenüber Kolleginnen und Kollegen äußern (Kaplan, 2012).

Vorgesetzte sind laut der Studie allerdings ebenso zurückhaltend mit dem Ausdruck von Dankbarkeit. Dabei wären die Effekte auf die Angestellten positiv: 81 % der Befragten gaben an, dass sie härter arbeiten würden, wenn der Vorgesetzte dankbarer wäre und 70 % würden sich besser fühlen mit einem Vorgesetzten, der seine Dankbarkeit zum Ausdruck bringt (Kaplan, 2012). Wir sehen also, dass Dankbarkeit in Unternehmen ein Schattendasein fristet – obwohl wir wissen, dass Anerkennung im Arbeitsalltag guttut. Dafür gibt es zwei Gründe:

Erstens bestehen bestimmte Vorstellungen von Dankbarkeit: Viele Menschen sind der Ansicht, dass sie als inkompetent oder zu emotional angesehen werden könnten, wenn sie sich ausdrücklich für Unterstützung oder eine gute Zusammenarbeit bedanken würden. Auch bestehen deutliche Unterschiede zwischen der erwarteten und der tatsächlichen Wirkung ausgedrückter Dankbarkeit. Der Empfänger der Anerkennung ist in der Regel überraschter über die Anerkennung an sich und ihren Inhalt, als derjenige, der sich bedankt, erwartet. Der positive emotionale Effekt auf den Empfänger ist tatsächlich größer als vom Sender erwartet. Umgekehrt sind die Erwartungen, dass der Dank dem Empfänger unangenehm sein könnte, größer als es tatsächlich der Fall ist (Kumar & Epley, 2018). Auch ist vielen nicht klar, dass der Ausdruck von Dankbarkeit letztlich als eine positive Erfahrung wahrgenommen wird (siehe beispielsweise Seligman et al. (2005)). Arbeitnehmer, die negative Ansichten über Dankbarkeit hegen, erhalten weniger häufig Unterstützung von Kollegen und Vorgesetzten, was wiederum zu einer negativen Grundeinstellung gegenüber der Arbeit und zu schlechteren Leistungen führt (Thompson & Bolino, 2018).

Und zweitens wird dem Thema Dankbarkeit grundsätzlich wenig Aufmerksamkeit gewidmet. Immer wieder verpassen wir im Arbeitsalltag den Moment, in dem ein Dank angemessen gewesen wäre. Entweder nehmen wir den Moment selbst gar nicht wahr oder wir erfassen ihn und spüren, dass ein kurzer Ausdruck der Dankbarkeit angemessen wäre, entscheiden uns dann aber dafür, einfach zum nächsten Arbeitsschritt überzugehen. Im stressigen oder auch eintönigen Arbeitsalltag die Gelegenheiten für einen dankbaren Moment nicht zu verpassen, ist nicht einfach.

> **Kurzreflexion**
>
> Nehmen Sie sich fünf Minuten Zeit und beantworten Sie kurz folgende Fragen – am besten schriftlich:
>
> - Wann war das letzte Mal, dass Sie während der Arbeit Ihre Dankbarkeit gegenüber jemandem ausgedrückt haben?
> - Wie fühlte es sich an?
> - Wie fiel die Reaktion aus? ◄

Kim Cameron, ein Gründungsmitglied des *Center for Positive Organizations* an der *University of Michigan* und langjähriger Forscher zum Thema Dankbarkeit, berichtet von dem eindrücklichen Beispiel eines CEOs des großen koreanischen Chaebols *LG* (>200.000 Mitarbeiterinnen und Mitarbeiter). Dieser ging das Thema Dankbarkeit konsequent an und bat seine Sekretärin, ihm jeden Tag fünf Karten auf den Schreibtisch zu legen. Auf der einen Seite der Karte stand „Danke!" – die andere Seite der Karte war frei. Jeden Tag füllte der CEO fünf dieser Karten aus und ließ sie Mitarbeiterinnen und Mitarbeitern des Unternehmens zukommen. Es war ihm wichtig, regelmäßig wenigstens ein Mal am Tag bewusst aus dem problembehafteten Mindset einer Führungskraft herauszutreten. Er berichtete, dass diese augenscheinlich kleine, aber wirkmächtige Gewohnheit nicht zuletzt auch einen positiven Einfluss auf die Unternehmenskultur hatte.

▶ **„Practicing Gratitude Teach-out"** Kim Cameron spricht über dieses Beispiel im Rahmen des „Practicing Gratitude Teach-out" der *University of Michigan* (https://www.coursera.org/learn/practicing-gratitude-teach-out).

Der ehemalige CEO der *Campbell Soup Company*, Douglas R. Conant, berichtete bereits 2011 in einem Beitrag für den *Harvard Business Review,* dass er bis dato rund 30.000 (!) handgeschriebene Dankesnotizen an Mitarbeiterinnen und Mitarbeiter geschickt hatte. Er verfasste diese handschriftlich, da ein Großteil der Mitarbeiterinnen und Mitarbeiter (beispielsweise in den Fabriken) keinen Computer bei der Arbeit nutzte. Er schreibt, dass seine Assistenten und er jeden Tag 30 bis 60 min damit verbrachten, E-Mails und interne Nachrichten mit dem Ziel zu lesen, Mitarbeiterinnen und Mitarbeiter zu identifizieren, die „den Unterschied gemacht haben". Diesen schickte er dann eine Dankeskarte (Conant, 2011).

Kurzreflexion

Nehmen Sie sich fünf Minuten Zeit und beantworten Sie kurz folgende Fragen – am besten schriftlich:

- Was steht Ihnen im Weg, um (häufiger) Ihre Dankbarkeit gegenüber anderen auszudrücken?
- Was werden Sie ausprobieren, um diese Barriere zu umgehen?◄

Nicht nur die Empfängerinnen und Empfänger der fünf täglichen Karten bei *LG* oder der 30.000 Dankesnotizen bei *Campbell Soup* profitieren vom Verhalten ihrer CEOs, sondern auch die CEOs selbst. Dankbare Menschen profitieren von ihrer Lebenseinstellung auf vielfache Weise. Letztendlich wirkt Wertschätzung positiv auf unsere zwischenmenschlichen Beziehungen sowie unsere physische und mentale Gesundheit. Abb. 2.11 präsentiert einige durch das *Greater Good Science Center* an der *University of California, Berkeley* in diesem Zusammenhang zusammengefasste Studienergebnisse.

Dispositionelle Dankbarkeit kann Menschen vor einem Burnout schützen. Dies wurde unter anderen in einer Studie unter Lehrerinnen und Lehrern in Hongkong nachgewiesen (Chan, 2011). Eine Untersuchung unter Psychiatern kam zu einem ähnlichen Ergebnis: arbeitsplatzspezifische Dankbarkeit gegenüber zum Beispiel Kolleginnen und Kollegen, Vorgesetzen und Patienten stellt einen guten (negativen) Indikator für Burnout und Arbeitszufriedenheit dar (Lanham et al., 2012).

Übung: Eine Aktionswoche zum Thema Dankbarkeit

Überlegen Sie, wie Sie das Thema Dankbarkeit stärker in ihrem Team oder in Ihrem Unternehmen verankern können. Um erste Erfahrungen zu sammeln, kann eine „Dankbarkeitswoche" hilfreich sein. Der folgende Vorschlag für eine Dankbarkeitswoche enthält sieben Übungen. Nicht jede Übung spricht jeden gleichermaßen an. Probieren Sie dennoch jede Übung aus und lassen Sie sich

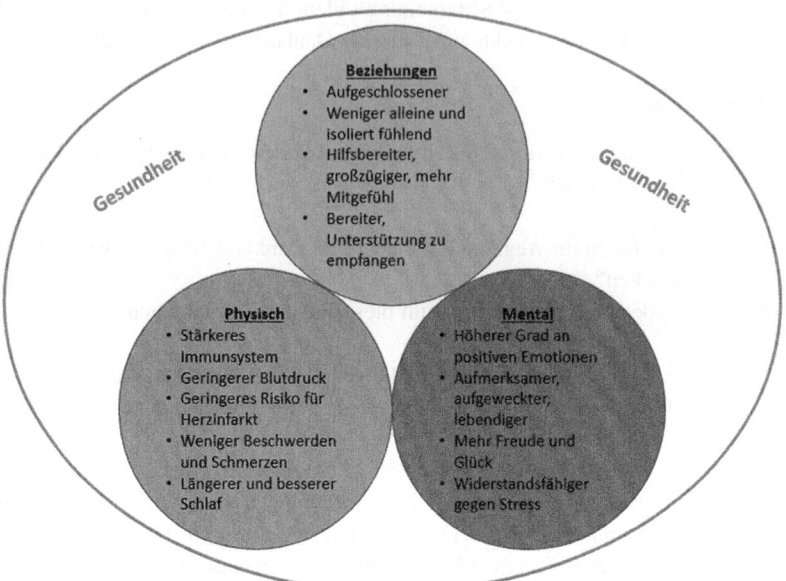

Abb. 2.11 Positive Auswirkungen einer dankbaren Lebenseinstellung auf zwischenmenschliche Beziehungen sowie physische und mentale Gesundheit. (Quelle: eigene Übersetzung und Darstellung in Anlehnung an Greater Good Science Center, o. J.)

darauf ein. Reflektieren Sie über jede Übung, inwiefern sie zu einem positiveren Arbeitsalltag beitragen konnte. Idealerweise führen Sie die eine oder andere Übung auch nach der Dankbarkeitswoche noch weiter.

Montag: Schreiben Sie eine kleine Dankesnotiz auf ein Post-it und kleben Sie dieses an die Tür/den Schreibtisch/den Schrank der Empfängerin bzw. des Empfängers.

Dienstag: Beenden Sie heute Ihre E-Mails, in denen Sie jemanden um die Beantwortung einer Frage oder die Erledigung einer Aufgabe bitten oder in denen Sie auf eine wertvolle Information reagieren, nicht nur mit „Viele Grüße" oder gar „VG" sondern mit „Vielen Dank und viele Grüße"

Mittwoch: Schreiben Sie im Laufe des Arbeitstages im Moment des Bewusstwerdens auf kleine Zettel auf, wofür sie gerade dankbar sind. Falls Sie während des Tages nicht dazu kommen,

	schreiben Sie mindestens drei Dinge auf Zettel, bevor Sie den Arbeitsplatz verlassen. Die Zettel sammeln Sie am Arbeitsplatz oder zu Hause in einer kleinen Schachtel oder einem Glas. Lesen Sie in besonders stressigen Momenten einen dieser Zettel und erinnern Sie sich damit an Dinge, für die Sie dankbar sind.
Donnerstag:	Beginnen Sie ein Meeting mit einer Dankbarkeitsrunde, indem Sie jeden bitten, kurz zu erwähnen, wofür sie jemandem im Unternehmen in den letzten Tagen besonders dankbar waren. Falls Sie kein Meeting haben sollten, schlagen Sie eine entsprechende Runde beim gemeinsamen Mittagessen vor.
Freitag:	Schreiben Sie eine „Gratitude E-Mail" an jemanden im Unternehmen oder außerhalb, in der Sie sich endlich für etwas bedanken, für das Sie sich schon lange bedanken wollten oder hätten bedanken sollen. Wenn Sie möchten, schreiben Sie anstatt einer E-Mail eine Nachricht auf eine Karte.
Samstag:	Familienmitglieder und Freunde werden allzu oft als selbstverständlich hingenommen. Nehmen Sie sich heute vor, das immer wieder nur gedachte „Danke" auch auszusprechen. Erinnern Sie sich am Montag an diese Übung und setzen Sie sie auch während der Arbeit um.
Sonntag:	Suchen Sie sich zu Hause ein Objekt, welches Sie als „Dankbarkeitsanker" an ihren Arbeitsplatz stellen/hängen/legen. Nutzen Sie den Anker immer wieder während des Arbeitstages, um sich daran zu erinnern, wofür Sie dankbar sind.

◄

2.3.5 Ein Modell für Dankbarkeit im Organisationskontext

Auch wenn wir also wissen und spüren, dass in einem bestimmten Moment der Ausdruck von Wertschätzung angebracht wäre, kommt diese Wertschätzung aus den verschiedenen erwähnten Gründen selten äußerlich zum Ausdruck. Diese Form des „Gratitude Gaps" führt dazu, dass Wertschätzung seltener ausgedrückt wird, als sie eigentlich (unausgesprochen) im Raum steht – sofern sie überhaupt im Raum steht; und zwar nicht nur zwischen zwei Individuen, sondern insgesamt im unternehmerischen Organisationskontext. Wie könnte also könnte Dankbarkeit stärker in einer Unternehmensorganisation verankert werden? Fehr et al.

(2017) schlagen für die strukturierte Herangehensweise zum Thema Dankbarkeit in Unternehmen ein Mehrebenenmodell vor. In diesem wird Dankbarkeit als

1. eine episodische Emotion auf der Ereignisebene,
2. eine anhaltende Tendenz, sich dankbar zu fühlen, auf individueller Ebene und
3. ein gemeinsames Gefühl der Dankbarkeit auf organisationaler Ebene aufgefasst.

Darüber hinaus umfasst das Modell vorausgehende Ereignisse sowie Kontingenzen der Dankbarkeit, die Art der Dankbarkeit selbst sowie die Resultate der Ereignisse (siehe Abb. 2.12).

Ausgangspunkt für Dankbarkeitsinitiativen in diesem Modell ist die organisatorische Ebene. Schließlich geht es darum, zu erkennen, wie eine Form von Dankbarkeitskultur im Unternehmen diffundieren kann. Im Zweifel haben derartige Initiativen ihren Ursprung in der Personalabteilung des Unternehmens oder bei Abteilungsleitungen. Beispiele für entsprechende Dankbarkeitsinitiativen mit zumindest episodischen Effekten können sein:

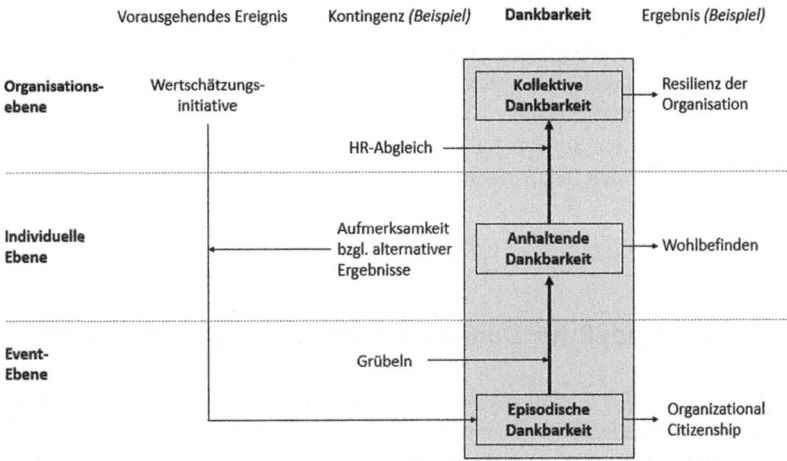

Abb. 2.12 Ein Multilevel-Modell der Dankbarkeit in Organisationen. (Quelle: eigene Übersetzung und Darstellung in Anlehnung an Fehr et al., 2017)

- Mitarbeiter aus den Büros der Verwaltung eines Hotels treten in direkten Kontakt mit den Gästen, also den Nutznießern ihrer Arbeit, und erfahren so, wie sie dazu beitragen, dass sich Menschen aus aller Welt bei ihnen zu Hause fühlen.
- Das Unternehmen drückt im Rahmen einer Ruhestandsfeier für eine langjährige Mitarbeiterin seine Dankbarkeit für ihren Einsatz aus. Gleichzeitig bedankt sich das Unternehmen implizit damit auch für den Einsatz aller anderen Mitarbeiterinnen und Mitarbeitern.
- Eine Abteilungsleitung feiert mit dem verantwortlichen Team den Launch eines neuen Produktes.
- Die Chefin führt ein Entwicklungsgespräch mit einem Mitarbeiter. Dieses Gespräch ist eher zukunfts- als vergangenheitsorientiert und im Ergebnis idealerweise an der intrinsischen Motivation des Mitarbeiters orientiert, um diesen auf seinem persönlichen Wachstumspfad zu unterstützen.

Derartige Wertschätzungsaktivitäten haben in dem Modell von Fehr et al. (2017) „Eventcharakter", indem sie gezielt als Maßnahme geplant und umgesetzt werden. Über die Zeit können diese Auswirkungen auf die anderen Ebenen haben und so zum subjektiven Wohlbefinden der Mitarbeiterinnen und Mitarbeiter auf individueller Ebene beitragen (Lambert et al., 2011). Sie können so auch zu einer besseren Zusammenarbeit zwischen Kolleginnen und Kollegen führen, da die Beziehungen untereinander einen stärkeren gemeinschaftlichen als einen rein funktionalen, austauschbasierten Charakter erhalten (Fehr et al., 2017, S. 373). Die Entstehung kollektiver Dankbarkeit auf organisationaler Ebene ergibt sich aus der Summe der auf individueller Ebene empfundenen Dankbarkeit. Im Ergebnis kann dadurch eine resilientere Organisation entstehen.

Das von Fehr et al. (2017) vorgeschlagene Modell umfasst sehr vielfältige Komponenten von Dankbarkeit in einem Unternehmen. So kann es beispielsweise einer Personalabteilung helfen, entsprechende Programme und Initiativen zu entwickeln. Grundsätzlich sollte mit Wertschätzung im Unternehmensorganisationskontext sehr bewusst umgegangen werden. Im schlimmsten Fall kann es passieren, dass Wertschätzungsinitiativen in einem von Zynismus geprägten Mitarbeiterumfeld zu Neid, Wut und Enttäuschung bei nicht „ausgezeichneten" Mitarbeitern führen. Auch sollte der Ausdruck von Wertschätzung nicht dazu führen, dass sich Mitarbeiterinnen und Mitarbeiter unter Druck gesetzt fühlen und auf diese Weise Wettbewerbsdruck zwischen Kolleginnen und Kollegen entsteht. Falsch eingesetzte Wertschätzung kann im schlimmsten Fall Stress auslösen und sogar zu Burnout führen (Fehr et al., 2017, S. 367).

Übung: Gratitude Journal

Die wahrscheinlich verbreitetste Übung zum Thema Dankbarkeit ist das „Gratitude Journal".[12] Sie wird in zahlreichen Führungskräftetrainings eingeführt und ihre Wirksamkeit ist durch die Glücksforschung nachgewiesen (siehe beispielsweise Lyubomirsky (2007)).

Sie benötigen dafür ein Notizheft und einen Stift sowie einige Minuten Zeit. Wichtig ist, dass Sie die Übung regelmäßig und mindestens über einige Monate durchführen – im klassischen Fall kurz bevor Sie ins Bett gehen. Lassen Sie sich nicht stressen – es ist ausreichend, die Übung ein bis drei Mal in der Woche zu machen, es muss nicht täglich sein. Notieren Sie sich in dem Heft drei bis fünf Dinge, für die Sie an dem Tag, der gerade endet, dankbar sind. Seien Sie dabei so spezifisch wie möglich (anstatt: „Ich bin dankbar für meine Kollegen" schreiben Sie „Ich bin dankbar dafür, dass meine Kollegin X mich heute vor einer wichtigen Präsentation beruhigt hat.").

Folgende Denkanstöße können bei der Reflexion über den Tag helfen:

1. Eine gute Sache, die mir heute passiert ist.
2. Jemand, dem ich heute dankbar war – und warum.
3. Etwas, das ich heute gerne gemacht habe.
4. Etwas, das ich heute erreicht habe.
5. Etwas, das den Tag heute besonders gemacht hat.
6. Ein Grund, warum ich heute stolz auf mich war.
7. Etwas Interessantes, das heute passiert ist (ich heute erfahren habe).
8. Etwas, das mich heute glücklich gemacht hat.
9. Worüber ich heute gelacht habe.
10. Was mir heute (besonders/endlich) gelungen ist.

Eine interessante Variante der Übung ist übrigens die Subtraktion. Durch diese Methode, bei der wir darüber reflektieren, wie das Leben wäre, wenn etwas bestimmtes (Ehepartner, Kollegen, Bioprodukte, Reisen, …) in unserem Leben fehlen würde. Wenn man diese Denkweise nicht ins Extreme treibt, kann sie noch wirksamer sein als die klassische Übung des „Gratitude Journals" (Lyubomirsky, 2013, S. 26).◄

---

[12] Eine ausführliche Anleitung inklusive Hinweise zu wissenschaftlichen Hintergründen der Übung bietet das *Greater Good Science Center* an der *University of California, Berkeley* auf seiner Website unter https://ggia.berkeley.edu/practice/gratitude_journal.

> **Ihr Transfer in die Praxis**
>
> - Nehmen Sie sich gezielt vor, die Ergebnisse der Selbstreflexionen in diesem Kapitel umzusetzen.
> - Beobachten Sie, welche Konsequenzen das Vergleichen unter Kolleginnen und Kollegen hat und lösen Sie sich selbst wo sinnvoll von überflüssigem Vergleichen.
> - Machen Sie sich bewusst, wofür Sie Geld ausgeben und investieren Sie stärker in Erfahrungen. Teilen Sie diese Erfahrungen mit Kolleginnen und Kollegen.
> - Werden Sie sich bewusst, wenn Sie in einer Tretmühle des Lebens gefangen sind und reflektieren Sie, wie Sie aussteigen können.
> - Gestalten Sie für sich selbst eine Dankbarkeitswoche mit entsprechenden Aktivitäten in Ihrer Arbeit. Sammeln Sie die Erfahrungen und führen Sie diejenigen Aktivitäten mit besonders positiven Erfahrungen fort.
> - Teilen Sie die Studienergebnisse zur Erwartung über Reaktionen und Wirkung von Dankbarkeit im Unternehmen.
> - Teilen Sie die Beispiele von erfolgreichen CEOs, zu deren Arbeitsalltag es gehört, ihre Dankbarkeit auszudrücken und nehmen Sie sich diese zum Vorbild. ◄

Literatur

Allen, S. (2018). *The science of gratitude*. Greater Good Science Center at UC Berkeley.

Ashar, Y., Andrews-Hanna, J., Dimidjian, S., & Wager, T. (2017). Empathic care and distress: Predictive brain markers and dissociable brain systems. *Neuron*, 1263–1273. https://doi.org/10.1016/j.neuron.2017.05.014

Binswanger, M. (2014). *Die Tretmühlen des Glücks*. Herder GmbH.

Birtwell, K., Williams, K., van Marwijk, H., Armitage, C., & Sheffield, D. (2019). An exploration of formal and informal mindfulness practice and associations with wellbeing. *Mindfulness*, 89–99. https://doi.org/10.1007/s12671-018-0951-y.

Brendel, D. (2015). There are risks to mindfulness at work. Retrieved from Harvard Business Review: https://hbr.org/2015/02/there-are-risks-to-mindfulness-at-work.

Burton, J. (2018). *Creating mindful leaders – How to power down, power up, and power forward*. Wiley.

Carter, T., & Gilovich, T. (2010). The relative relativity of material and experiential purchases. *Journal of Personality and Social Psychology*, 146–159. https://doi.org/10.1037/a0017145

Chan, D. (2011). Burnout and life satisfaction: Does gratitude intervention make a difference among Chinese school teachers in Hong Kong? *Educational Psychology, 31*(7), 809–823.

Collins, J. (2001). *Good to great – Why some companies make the leap... and others don't*. Random House.
Conant, D. (2011). Secrets of positive feedback. Abgerufen am 21. 02 2021 von Harvard Business Review: https://hbr.org/2011/02/secrets-of-positive-feedback.
Congleton, C., Hölzel, B., & Lazar, S. (2017). Mindfulness can literally change your brain. In o. A. (Hrsg.), *Mindfulness* (S. 27–35). Harvard Business Review Press.
Conley, C. (2012). *Emotional equations – Simple truths for creating happiness + success*. Free Press.
Emmons, R., & McCullough, M. (2003). Counting blessings versus burdens: An experimental investigation of gratitude and subjective well-being in daily life. *Journal of Personality and Social Psychology, 84*(2), 377–389.
Emmons, R., & Mishra, A. (2011). Why gratitude enhances well-being: What we know, what we need to know. In K. Sheldon, T. Kashdan, & M. Steger (Hrsg.), *Designing positive psychology – Taking stock and moving forward* (S. 248–262). Oxford University Press.
Esch, T. (2014). *Die Neurobiologie des Glücks – Wie die Positive Psychologie die Medizin verändert*. Georg Thieme Verlag.
Everett, D. (2010). *Das glücklichste Volk – Sieben Jahre bei den Pirahã-Indianern am Amazonas*. Random House GmbH.
Fehr, R., Fulmer, A., Awtrey, E., & Miller, J. (2017). The grateful workplace: A multilevel model of gratitude in organizations. *Academy of Management Review, 42*(2), 261–281. https://doi.org/10.5465/amr.2014.0374
Fields Millburn, J., & Nicodemus, R. (2015). *Essential – Essays by the minimalists*. Asymmetrical Press.
Fox, K., Nijeboer, S., Dixon, M., Floman, J., & Ellamil, M., et al. (2014). Is meditation associated with altered brain structure? A systematic review and meta-analysis of morphometric neuroimaging in meditation practitioners. *Neuroscience and Behavioral Reviews, 43*, 48–73.
Golden, L., & Wiens-Tuers, B. (2006). To your happiness? Extra hours of labor supply and worker well-being. *The Journal of Socio-Economics, 35*(2), 382–397. https://doi.org/10.1016/j.socec.2005.11.039
Goleman, D., & Davidson, R. (2017). *The science of meditation – How to change your brain, mind and body*. Penguin Random House.
Greater Good Science Center. (o. J.). Gratitude as medicine: A survival kit for health care organizations. Greater Good Science Center, UC Berkeley.
Hanson, R. (2018). *Resilient – Find your inner strength*. Penguin Random House.
Hillert, A., Albrecht, A., & Voderholzer, U. (2020). The burnout phenomenon: A résumé after more than 15,000 scientific publications. *Frontiers in Psychiatry* https://doi.org/10.3389/fpsyt.2020.519237.
Hougaard, R., & Carter, J. (2017). How to practice mindfulness throughout your work day. In o. A. (Hrsg.), *Mindfulness* (S. 37–45). Harvard Business Review Press.
Hougaard, R., Carter, J., & Hobson, N. (2020). Compassionate leadership is necessary – But not sufficient. Abgerufen am 28. 2 2021 von Harvard Business Review: https://hbr.org/2020/12/compassionate-leadership-is-necessary-but-not-sufficient.
Iyengar, S., & Lepper, M. (2000). When choice is demotivating: Can one desire too much of a good thing? *Journal of Personality and Social Psychology, 79*(6), 995–1006. https://doi.org/10.1037//0022-3514.79.6.995

Kabat-Zinn, J. (1994). *Wherever you go, there you are: Mindfulness meditation for everyday life.* Hyperion.

Kahnemann, D., & Riis, J. (2005). Living, and thinking about it: Two perspectives on life. In F. Huppert, N. Boylis, & B. Keverne (Hrsg.), *The science of well-being* (S. 285–306). Oxford University Press.

Kaplan, J. (2012). *Gratitude survey.* Templeton Foundation.

Kierkegaard, S. (1847). *Erbauliche Reden in verschiedenem Geist.* Eugen Diederichs Verlag.

Killingsworth, M., & Gilbert, D. (2010). A wandering mind is an unhappy mind. *Science,* 932.

Kumar, A., & Epley, N. (2018). Undervaluing gratitude: Expressers misunderstand the consequences of showing appreciation. *Psychological Science, 29*(9), 1423–1435.

Lambert, N., Fincham, F., & Stillman, T. (2011). Gratitude and depressive symptoms: The role of positive reframing and positive emotion. *Cognition and Emotion, 26*(4), 615–633. https://doi.org/10.1080/02699931.2011.595393

Langer, E. (2015). *Mindfulness – Das Prinzip Achtsamkeit.* Vahlen.

Lanham, M., Rye, M., Rimsky, L., & Weill, S. (2012). How gratitude relates to burnout and job satisfaction in mental health professionals. *Journal of Mental Health Counseling, 34*(4), 341–354. https://doi.org/10.17744/mehc.34.4.w35q80w11kgpqn26.

Layard, R. (2011). *Happiness – Lessons from a new science.* Penguin.

Lilius, J., Kanov, J., Dutton, J., Worline, M., & Maitlis, S. (o. a.). *Compassion Revealed.* Stephen M. Ross School of Business, University of Michigan.

Lyubomirsky, S. (2007). *The how of happiness – A practical guide to getting the life you want.* Piatkus.

Lyubomirsky, S. (2013). *The myths of happiness – What should make you happy, but doesn't – What shouldn't make you happy, but does.* The Penguin Press.

o. A. (2021). Self-compassionate letter for adults. Von Greater Good Sience Center: https://ggie.berkeley.edu/practice/self-compassionate-letter-for-adults/.

Pchelin, P., & Howell, R. (2014). The hidden cost of value-seeking: People do not accurately forecast the economic benefits of experiential purchases. *The Journal of Positive Psychology: Dedicated to furthering research and promoting good practice,* 322–334. https://doi.org/10.1080/17439760.2014.898316.

Schor, J. (1999). *The overspent American: Why we want what we don't need.* Harper Collins.

Seligman, M., Steen, T., Park, N., & Peterson, C. (2005). Positive psychology progress: Empirical validation of interventions. *American Psychologist, 60,* 410–421.

Tan, C.-M. (2010). Everyday compassion at Google. Abgerufen am 28. 2 2021 von TED Ideas worth spreading: https://www.ted.com/talks/chade_meng_tan_everyday_compassion_at_google.

Tan, C.-M. (2012). *Search inside yourself – The unexpected path to achieve success, happiness (and World Peace).* Harper-Collings.

Thompson, P., & Bolino, M. (2018). Negative beliefs about accepting coworker help: Implications for employee attitudes, job performance, and reputation. *Journal of Applied Psychology, 103*(8), 842–866. https://doi.org/10.1037/apl0000300

Van Boven, L., & Gilovich, T. (2003). To do or to have? That is the question. *Journal of Personality and Social Psychology,* 1193–1202.

Voss, C. (2019). How to use the key to tactical empathy. Abgerufen am 28. 2 2021 von The Black Swan Group: https://blog.blackswanltd.com/the-edge/how-to-use-the-key-to-tactical-empathy.

Wahnbaeck, C., & Roloff, L. (2017). After the binge, the hangover – Insights into the minds of clothing consumers. Greenpeace e. V. Germany.

Weiner, J. (2018). Be Compassionate – Wharton undergraduate commencement speech. Abgerufen am 28. 2 2021 von LinkedIn: https://www.linkedin.com/pulse/compassionate-wharton-undergraduate-commencement-speech-jeff-weiner/.

Worline, M., & Dutton, J. (2017). *Awakening compassion at work – The quiet power that elevates people and organizations*. Berrett-Koehler Publishers Inc.

„Higher-Purpose" und Erfolg im Beruf 3

Was Sie aus diesem Kapitel mitnehmen
- Wie zwischen persönlichem, beziehungsbasiertem und gesellschaftlichem Purpose unterschieden werden kann.
- Warum immer mehr Unternehmen ihre Mission und Vision durch ein Purpose-Statement ergänzen.
- Warum ein immaterieller Purpose materielle Faktoren bei der Frage nach dem Glück der Angestellten ausstechen kann.
- Wie durch „Job Crafting" berufliches Glück gesteigert werden kann.
- Welche Attribute persönlichen Erfolg beschreiben und welche Attribute die Gesellschaft mit Erfolg verbindet (und dass diese unterschiedlich sind).
- Wie ein „Quintuple Bottom Line"-Ansatz, der auch „Passion" und Purpose umfasst, zur Messung von unternehmerischem Erfolg aussehen könnte.

Klimawandel, „Fridays for Future"-Proteste, 17 „United Nations Sustainable Development Goals", Lieferkettengesetz, Verbot von Plastik, Elektromobilität, Sommerdürren: Ein Unternehmen, welches angesichts dieser und weiterer ökologischer und gesellschaftlicher Herausforderungen seinen Fokus weiterhin stur auf die eigenen Finanzkennzahlen richtet und seinen Beitrag zu diesen Herausforderungen ignoriert, hat wenig Aussichten auf nachhaltigen ökonomischen Erfolg. Entsprechend ist es kein Wunder, dass immer mehr Unternehmen einen „Purpose", also „höheren Sinn" ihres wirtschaftlichen Handelns für sich entdecken. Manche lassen sich im Zuge dessen als „B Corp" zertifizieren, veröffentlichen eine „Gemeinwohlbilanz" oder setzen die Philosophie der „Conscious

Capitalism"-Bewegung um. Auch für das persönliche subjektive Wohlbefinden bei Mitarbeiterinnen und Mitarbeiter spielt der Purpose des Unternehmens, zu dem sie selbst einen Beitrag leisten können, eine wichtige Rolle. Doch der Begriff Purpose ist gerade im unternehmerischen Kontext mit zahllosen Missverständnissen behaftet. Um etwas Klarheit in das Thema Purpose zu bringen, wollen wir mit einer kleinen Analogie starten.

3.1 Die drei Dimensionen des Purpose

Der Wirtschaftsprofessor Ed Freeman stellt bei seinen Vorträgen gerne die Frage nach dem Purpose im Leben des Menschen und in Unternehmen.[1] Er führt dazu aus, dass der menschliche Körper seine fortschreitende Existenz tagein, tagaus seiner Fähigkeit verdankt, rote Blutkörperchen zu produzieren. Ohne diese würde er nicht überleben können. Doch nur, weil wir sie zum Überleben brauchen, würde kaum jemand behaupten, dass der Sinn unseres Lebens die Produktion von roten Blutkörperchen ist. Wir benötigen sie, um unsere „Maschine" am Laufen zu halten, den Sinn des Lebens suchen wir jedoch in etwas anderem. Analog ist es bei Unternehmen: Die roten Blutkörperchen der Unternehmen sind das Geld. Geld ist notwendig, um ein Unternehmen am Laufen zu halten, aber: Ist Geld daher auch der eigentliche Sinn, warum es ein Unternehmen gibt? Auch wenn einige mit „Ja" antworten mögen, wurden die meisten Unternehmen gegründet, weil deren Gründer in erster Linie zur Lösung eines Problems beitragen wollten. Für sie ist Geld ein Mittel zum Zweck, aber nicht der Sinn des Unternehmertums. Idealerweise ist letzteres natürlicherweise mit einer ökologisch und gesellschaftlich positiven Wirkung verbunden. Denn nur eine gesunde Umwelt und eine prosperierende Gesellschaft können überhaupt die Grundlagen für die Existenz des Unternehmens bilden. Vereinfacht gesagt: Nur, wenn es den Kunden gut geht, können sie es sich auch leisten, zu konsumieren.

Nun gibt es fast so viele Ideen dazu, was genau Purpose bedeutet und wie man ihn in unternehmerisches Handeln integrieren kann, wie es Autoren gibt, die darüber schreiben. Im Folgenden wird eine kleine Auswahl an Ideen zum Verständnis von Purpose vorgestellt.

Aaron Hurst beschreibt in seinem Buch „The Purpose Economy" drei Kategorien von Purpose (Hurst, 2014): den „persönlichen Purpose" („Personal Purpose"),

---

[1] Eine ausführliche Ausführung hierzu finden Sie auf der Website der *University of Arkansas* unter https://walton.uark.edu/business-integrity/blog/ed-freeman.php.

den „beziehungsbasierten Purpose" („Social Purpose") und den „gesellschaftlichen Purpose" („Societal Purpose"). Diese unterscheiden sich folgendermaßen:

- **Persönlicher Purpose:** Der persönliche Purpose im beruflichen Kontext stellt die Frage nach der Erfüllung im Beruf. Inwiefern kann man seine Leidenschaft(en) in die tägliche Arbeit einbringen? Können wir uns immer wieder neuen Herausforderungen stellen – und haben wir Freude daran, diese zu meistern? Haben wir die Möglichkeit, das Unternehmen/den Arbeitgeber und darüber hinaus die Gesellschaft mitzugestalten?
Beispielsweise ist für viele Lehrerinnen und Lehrer ihr Beruf eine erfüllende Berufung, der sie mit Leidenschaft nachgehen. In kaum einem Beruf ist es möglich, derart prägend auf die zukünftigen Generationen zu wirken. Häufig bieten Schulen auch die Möglichkeiten, eigene Ideen und Impulse einzubringen, indem man beispielsweise die Leitung der Theatergruppe übernimmt oder die Schülerzeitung berät.
- **Beziehungsbasierter Purpose:** Ein beziehungsbasierter Purpose geht immer über den persönlichen, auf eine Einzelperson bezogenen Purpose hinaus. Teamfähigkeit ist im Arbeitsalltag eine entscheidende Fähigkeit, um gemeinsam mit Kolleginnen und Kollegen oder auch anderen Stakeholdern wie Kunden oder Lieferanten Dinge zu erschaffen, die als Einzelperson nicht erreichbar wären. Lebendige Beziehungen bestätigen unsere Bedeutung beziehungsweise die Bedeutung unserer Beiträge zur Lösung von Herausforderungen. Sie fordern uns immer wieder dazu auf, uns einzubringen und helfen uns, an unseren Erfahrungen zu wachsen.
Gerade während der Coronavirus-Pandemie zeigte sich, wie wichtig Unternehmen sind, die diese Art von Purpose unterstützen. Kaum jemand nutzte Microsoft Teams, Zoom oder ähnliche Anbieter vor der Pandemie. Nur mithilfe dieser Tools war es überhaupt möglich, einen beziehungsbasierten Purpose aufrecht zu erhalten.
- **Gesellschaftlicher Purpose:** Der gesellschaftliche Purpose strahlt weit über den individuellen und den beziehungsbasierten Purpose aus. Als Individuum sind wir an etwas beteiligt, dessen Auswirkung über die unmittelbar sichtbaren Effekte unseres Handelns hinausgeht. Es ist der berühmte kleinere oder größere Beitrag dazu, dass die Welt zu einem besseren Ort wird. In diesem Fall wird auch von einem „Higher Purpose" gesprochen, da die Konsequenzen des eigenen Handelns eine Auswirkung auf Teile der Gesellschaft und Umwelt haben können.
Ein Beispiel eines Unternehmens mit einem „Higher Purpose" ist der Hersteller für ökologische Haushaltprodukte wie Waschmittel, Windeln und Seifen

Seventh Generation. Das 1988 in Burlington, Vermont (USA) gegründete Unternehmen setzt sich entsprechend einer Philosophie der Irokesen zum Ziel, bei allen Aktivitäten die Konsequenzen für die kommenden sieben Generationen mitzubedenken. Seit 2016 gehört das Unternehmen zu *Unilever*, welches 700 Mio. US$ für den Kauf gezahlt hatte. In Deutschland kann das 1977 gegründete Unternehmen *Sonett* als ein entsprechender Vertreter aus der gleichen Branche gesehen werden.[2]

Dan Pontefract schlägt in seinem Buch „The Purpose Effect" ein ähnliches Gedankengerüst wie Aaron Hurst vor (Pontefract, 2016). Auch bei ihm gibt es die Kategorie „Persönlicher Purpose". Darüber hinaus gibt es einen „Role Purpose". Dieser bezieht sich auf die Rolle, die man im Unternehmen übernimmt und die Art, wie man diese ausfüllt. Hier spielt insbesondere das eigene Mindset bei der Herangehensweise an die täglichen Aufgaben eine zentrale Rolle. Damit stehen bei Pontefract die sozialen Beziehungen eines Individuums weniger im Vordergrund, als es im beziehungsbasierten Purpose der Fall ist. Als dritte Kategorie schlägt er den „Organizational Purpose" vor. Er führt an, dass dieser in den Diensten aller Stakeholder eines Unternehmens stehen sollte. Damit ist er einerseits ähnlich zu dem von Hurst vorgeschlagenen gesellschaftlichen Purpose, indem er den Einfluss des Unternehmens auf Gesellschaft und Umfeld umfasst, stellt jedoch Stakeholder wie Kunden noch stärker in den Mittelpunkt. Wie Sie sehen: es handelt sich um ähnliche Kategorien, und je mehr Sie zum Thema Purpose lesen würden desto mehr mehr oder weniger ähnliche Konzepte würden Sie entdecken.

Wie wir bereits im ersten Teil des Buches gesehen haben, ist Purpose ein zentraler Baustein für ein nachhaltiges, tiefes, individuelles Glücksempfinden. Diese Bedeutung scheint sich jedoch noch nicht überall herumgesprochen zu haben. Dozenten der Harvard Business School, die nicht nur junge Studierende, sondern auch erfahrene Manager unterrichten, haben herausgefunden, dass weniger als 20 % der Führungskräfte wissen, was ihr persönlicher Purpose ist. Noch weniger können ihn überhaupt in einer Art „Purpose Statement" ausdrücken (Craig & Snook, 2014). Über die Mission oder Vision ihres Unternehmens wissen sie hingegen schon deutlich besser Bescheid. Oftmals wird allerdings gar nicht unterschieden zwischen Mission, Vision und Purpose. Tatsächlich erfüllen aber alle drei ihren eigenen Bedeutungszweck und sind voneinander unterscheidbar. Wie sie sich unterscheiden lassen, wollen wir uns im Folgenden genauer ansehen.

---

[2] Nicht nur jüngere Konsumentengenerationen legen verstärkt Wert darauf, dass sie mit dem Kauf eines Produktes auch einen positiven Beitrag beispielsweise für die Erhaltung Umwelt leisten können (Rennollet et al., 2020).

3.2 Mission, Vision und Purpose und die Bedeutung des „Warum" für Unternehmen

In vielen Unternehmen machen sich Führungskräfte Gedanken über die Vision und Mission des Unternehmens. Oder auch nur über die Mission oder nur die Vision. Immer wieder werden die Begriffe dabei auch noch verwechselt. Und manche Unternehmen haben gar nichts von beidem definiert. Kaum ein Unternehmen hat dazu noch ein eindeutiges Purpose-Statement. Dabei ist insbesondere letzteres ein wichtiges Element zur Motivation von Mitarbeiterinnen und Mitarbeitern (Kofman, 2018, S. 121), kann Kundenloyalität steigern und überhaupt allen Stakeholdern des Unternehmens Orientierung bieten, um gemeinsam an einem übergeordneten Ziel zu arbeiten.

Was genau sind also die Unterschiede zwischen Vision, Mission und Purpose? Und warum kann es sich ein Unternehmen heute nicht mehr erlauben, auf eine Ausarbeitung und Definition des Purpose sowie einer Orientierung daran zu verzichten?

Beginnen wir mit der **Vision:** Die Beschreibung der Vision eines Unternehmens gibt Antwort auf die Frage nach dem Was oder Wohin. Was möchte das Unternehmen erreichen? Was sind seine angestrebten Ziele? Die Vision beschreibt, wie die Welt (oder ein Teil davon) aussehen wird, wenn das Unternehmen erfolgreich ist. Eine Vision ist also keine Utopie, sondern richtet realistisch in eine nicht allzu ferne Zukunft.

Die Beschreibung der **Mission** eines Unternehmens gibt Antwort auf die Frage nach dem Wie. Wie erreicht das Unternehmen seine Vision? Wie sehen die Strategien aus, die das Unternehmen verfolgt, um seine Vision zu realisieren? Eine Mission beschreibt oft kurz- bis mittelfristige Maßnahmen, um die Vision zu erreichen.

Nach der Definition einer Vision und Mission sollte klar sein, was das Unternehmen macht bzw. wohin es will und wie es das macht, was es macht. Eine entscheidende Frage fehlt allerdings noch, nämlich die Frage nach dem Warum und damit nach dem **Purpose.** Da diese Frage recht komplex sein kann, allzu oft aber vorschnell beantwortet wird, wollen wir einige Unterfragen einsetzen (Mackey & Sisodia, 2013):

- Warum existiert das Unternehmen überhaupt?
- Warum muss das Unternehmen existieren?
- Was ist der Beitrag, den das Unternehmen in der Welt leisten möchte?
- Warum ist die Welt ein besserer Ort, weil es das Unternehmen gibt?

- Würde das Unternehmen vermisst werden, wenn es nicht mehr existieren würde?

Die Antworten auf jede einzelne dieser Fragen sind eine tiefe Quelle der Inspiration für das Annehmen der Herausforderungen im Arbeitsalltag. Der Purpose eines Unternehmens ist in der Regel langlebig und hilft jedem einzelnen Mitarbeiter, auch für sich die Frage nach dem Warum zu beantworten. Warum gehe ich jeden Tag zur Arbeit? Warum arbeite ich für dieses Unternehmen? Warum verbringe ich meine Lebenszeit mit der Bearbeitung der Aufgaben, die zu meiner Arbeit gehören?

Wer beispielsweise für den Hersteller von Outdoor-Bekleidung Patagonia arbeitet, kann sich jeden Tag wieder vom Purpose-Statement des Unternehmens motivieren und inspirieren lassen: „We're in business to save our home planet." Dieses Statement beantwortet nicht die Frage nach dem Was (das Unternehmen macht) und schon gar nicht nach dem Wie, sondern es beantwortet die existenzielle Frage nach dem Warum. Das Wie und das Was sind nicht einmal erkennbar. Es ist nicht notwendig, dass man aus dem Purpose-Statement Rückschlüsse darauf ziehen kann, in welcher Branche das Unternehmen tätig ist und was es herstellt. Egal, was es macht, es soll dazu beitragen, die Erde zu retten. Für Yvon Chouinard, den Gründer und Eigentümer von Patagonia, ist dies viel wichtiger, als unternehmerisch tätig zu sein bzw. sieht er eben den Sinn seiner unternehmerischen Tätigkeit darin, das Ökosystem der Erde zu erhalten. So finanziert das Unternehmen über seine Stiftung „Action Works" seit rund 40 Jahren weltweit Umweltorganisationen, die sich dafür einsetzen, Lösungen für Umweltkrisen zu finden. Auf welcher Unternehmensphilosophie Yvon Chouinard von Beginn an Patagonia aufbaute, beschreibt er übrigens ausführlich in seinem Buch mit dem verlockenden Titel „Let my people go surfing" (Chouinard, 2016).

Hier noch einige Purpose-Statements weiterer bekannter Unternehmen:

- ING Financial Group: „Empowering people to stay a step ahead in life and in business. "
- Unilever: „Make sustainable living commonplace. "
- Whole Foods: „To nourish people and the planet. "
- Zappos: „Delivering Happiness. "
- TED: „Spread Ideas."
- Nike: „To bring inspiration and innovation to every athlete* in the world." *If you have a body, you are an athlete.

3.2 Mission, Vision und Purpose und die Bedeutung des „Warum" …

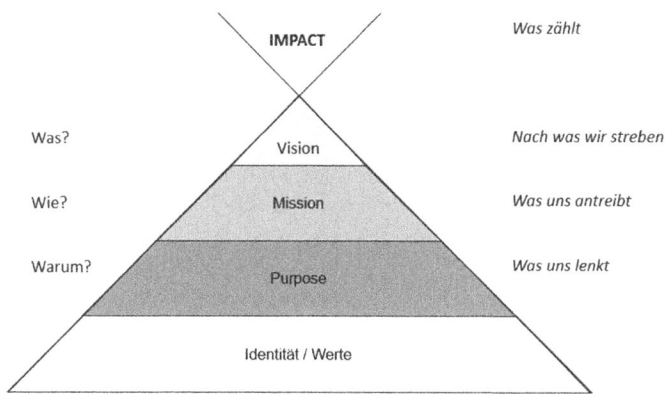

Abb. 3.1 Werte, Purpose, Mission, Vision und Impact. (Quelle: eigene Darstellung)

Keines dieser Purpose-Statements gibt einen konkreten Hinweis darauf, was das Unternehmen produziert und wie es dabei vorgeht. Dafür liefert es einen Hinweis darauf, wofür das Unternehmen „lebt" und seine Mitarbeiterinnen und Mitarbeiter täglich arbeiten bzw. sich engagieren.[3]

Abb. 3.1 fasst die Zusammenhänge zusammen. Die Basis des Unternehmens stellen die Menschen dar, die in Verbindung mit dem Unternehmen stehen, insbesondere die Mitarbeiterinnen und Mitarbeiter. Die Summe der Werte, für die sie stehen bildet die Grundlage für den Purpose des Unternehmens. Zusammen mit einer klaren Mission und Vision ist es einem Unternehmen möglich, diejenige Wirkung (Impact) in Art und Umfang zu erzielen, die es sich vorgenommen hat – und vielleicht tatsächlich die Welt zu einem besseren Ort zu machen.

Mission und Vision gehen im Arbeitsalltag schnell unter und kaum ein Stakeholder erinnert sich an sie. Ein Purpose verfügt über eine verhältnismäßig starke emotionale Komponente, die über das Unternehmen selbst auf alle Stakeholder ausstrahlt und diese mit einschließt. Nur so kann der Purpose wirksam sein und das Unternehmen gemeinsam mit seinen Stakeholdern einen Impact erzielen. Der Weg dorthin ist nicht immer gerade und ohne Stolpersteine. Pragmatismus hilft dabei, nicht vom Weg abzukommen. Wie der Mitgründer und CEO von

---

[3] „Higher Purpose" ist auch eine der vier Säulen des „Conscious Capitalism"-Ansatzes. Eine ausführliche Untersuchung von vier Unternehmen aus Deutschland, die als „Conscious Business" eingeordnet werden können, ist in Stahlhofer et al. (2018) zu finden.

Whole Foods, John Mackey, schreibt: „Purpose without pragmatism is impotent; pragmatism without purpose is aimless."[4] (Mackey et al., 2020).

Wir können nun also gut erkennen, dass es entsprechend unglücklich machen kann, wenn man in einem Unternehmen arbeitet, in dem man zwar ein sehr gutes Gehalt verdient, jedoch gleichzeitig in seiner Arbeit keinen Sinn sieht, da das Unternehmen keine Antworten auf die Frage nach dem Warum liefert. Am Ende des Tages sticht ein immaterieller Purpose ein materielles Gehalt aus drei Gründen aus (Kofman, 2018, S. 124–126):

1. Materielle Güter sind exklusiv. Wenn beispielsweise ein Mitarbeiter einen Teil des Unternehmensbonus erhält, ist dieser Teil nicht mehr für die Kolleginnen und Kollegen oder gar für Aktionäre verfügbar. So entstehen Rivalität, Neid, Ressentiments und Verteilungskämpfe.
Immaterielle Güter wie ein Purpose hingegen sind nicht exklusiv. Wenn eine Mitarbeiterin durch den Purpose des Unternehmens inspiriert wird, nimmt dies nichts von der Inspiration eines Kollegen. Im Gegenteil: Eine Gemeinschaft, die die gleichen Inspirationen teilt, profitiert von Netzwerkeffekten und einem stärkeren Zusammengehörigkeitsgefühl. Wenn Sie im Ergebnis stolz auf das Erreichte sind, nimmt dies nichts vom Stolz Ihrer Kollegin – oder der Shareholder, Kunden, Zulieferer und anderer Stakeholder.
2. Der Wert von materiellen Gütern ist nicht mit der Art und Weise, wie sie geschaffen werden, verbunden. Ein Mitarbeiter kann demnach sein Gehalt bekommen, weil er es verdient oder aber auch, weil jeder ein Gehalt bekommt oder weil er besonders geschickt verhandelt hat und „das Spiel beherrscht". Welche möglicherweise negativen externen Effekte der Mitarbeiter beispielsweise durch eine ethisch fragwürdige Arbeitsweise erzeugt, spielt keine Rolle. Der CEO eines Verlust machenden Unternehmens, welches ohne Rücksicht auf die Umwelt Ressourcen verschwendet, erhält ein Gehalt, welches nicht mit der Art und Weise seines Schaffens „verrechnet" wird.
Ein Purpose hingegen hängt sehr stark davon ab, wie er erzielt wird. Wenn Mitarbeiterinnen und Mitarbeiter sowie Führungskräfte die dem Purpose zugrundeliegenden Werte teilen, so stellt der Beitrag, den sie zu seiner Erfüllung leisten, bereits eine wertvolle Kompensation für ihren Arbeitseinsatz dar. Natürlich kann niemand allein vom Purpose leben, aber ohne Purpose trägt die Arbeit deutlich weniger zum persönlichen Glück bei.

---

[4] „Purpose ohne Pragmatismus ist machtlos; Pragmatismus ohne Purpose ist ziellos."

3.2 Mission, Vision und Purpose und die Bedeutung des „Warum" …

3. Materielle Anreize dienen der Sanktionierung und hängen von externen Faktoren ab, die außerhalb der Kontrolle der Arbeitgeber liegen. Wenn beispielsweise der Mitarbeiter seine Ziele im Quartal erreicht, bekommt er eine Belohnung; falls er sie jedoch nicht erreicht aufgrund von Ursachen, die er nicht beeinflussen kann, wird er sanktioniert, versetzt oder schlimmstenfalls gefeuert. Den Druck, den diese Konsequenzen aufgrund von einer Mischung aus Gier und Angst aufbauen, vergleicht Fred Kofman mit „verschmutztem bleihaltigen Benzin": Es kann das Fahrzeug antreiben, aber irgendwann verstopft es den Motor und verschmutzt die Umwelt.

Immaterielle Güter hingegen sind nicht durch äußere Einflüsse bedingt. Allein die Verfolgung des Purpose schafft Sinn. Dabei werden ethische Grundsätze in der Gemeinschaft mit anderen Menschen, die wir schätzen und die uns schätzen, zum Ausdruck gebracht. Zwar können auch hier Sanktionierungen erfolgen, allerdings nicht aufgrund äußerer Umstände, sondern aufgrund des eigenen Handelns.

Die Bedeutung von Purpose auch im Arbeitsleben für das Glück des Menschen kann also nicht hoch genug eingeschätzt werden: Er spielt eine zentrale Rolle für das subjektive Wohlbefinden und die Motivation bei der Arbeit. Auf den ersten Blick lässt sich jedoch nicht bei jeder beruflichen Tätigkeit ein Purpose erkennen, insbesondere nicht, wenn das Unternehmen sich hierzu bislang keine Gedanken gemacht hat. Vielleicht mag es also überraschen, dass in deutlich mehr Berufen ein Purpose gefunden werden kann, als man spontan annehmen möchte. Im folgenden Kapitel wird hierzu auf die Idee des „Job Crafting" und die Unterscheidung zwischen Job, Karriere und Berufung eingegangen.

▶ Mit dem Unternehmenspurpose ist es ähnlich wie mit Unternehmenswerten: Sie wurden einmal bei einer Veranstaltung feierlich bekanntgegeben, erscheinen auf der Website und an Bürowänden, aber kaum jemand im Unternehmen erinnert sich an die Werte oder versucht sich im Arbeitsalltag bewusst daran zu orientieren. Folgende Maßnahmen können helfen, Purpose im Unternehmen zu implementieren und in den Fokus zu rücken:

- Bereits während des Bewerbungsprozesses sollte der Unternehmenspurpose eingeführt und eingesetzt werden.
- Während des Onboarding-Prozesses sollte immer wieder Bezug auf den Purpose genommen werden.

- Wichtig: Prozesse und Arbeitsplatzrichtlinien für den Arbeitsalltag orientieren sich am Purpose des Unternehmens: „Im Zweifel für den Purpose."
- Die Orientierung der täglichen Arbeit am Purpose des Unternehmens ist fester Bestandteil der Leistungsbeurteilung und der Jahreszielgespräche.
- Es werden Schulungen mit festem Bezug zu Purpose und den Werten des Unternehmens durchgeführt.
- Mitarbeiterinnen und Mitarbeiter erstellen ein Jahrbuch, in dem Aktivitäten mit besonderem Bezug zum Purpose gesammelt und geteilt werden.

3.3 „Job Crafting" und der Unterschied zwischen Job, Karriere und Berufung

Kennen Sie schon die Geschichte von den drei Steinmetzen in einem Steinbruch? Stellen Sie sich vor, sie besuchen einen Steinbruch, in dem Steinmetze wunderschönen Stein behauen. Sie gehen zum ersten Steinmetz und fragen ihn, was genau er da mache. Er antwortet: „Siehst Du das nicht? Ich klopfe Steine. Von irgendetwas muss man ja leben. Aber in 10 Minuten bin ich weg hier, dann ist Feierabend und es geht ab ins Wochenende." „Aha, vielen Dank", sagen Sie und gehen weiter zu einem zweiten Steinmetz. Sie fragen auch ihn: „Und? Was genau machen Sie hier gerade?" Der zweite Steinmetz antwortet: „Ich? Ich behaue Steine. Ich mache das möglichst schnell und möglichst gut. Auf jeden Fall besser als all die anderen. Denn lange will ich das hier nicht mehr machen. Siehst Du das Büro da drüben? Da werde ich so bald wie möglich sitzen und der Chef von den ganzen anderen Steinmetzen hier sein. Und mehr verdienen als alle anderen werde ich dann auch." „Interessant – danke!", sagen Sie und gehen weiter zu einem dritten Steinmetz. Auch ihn fragen Sie: „Was genau machen Sie hier gerade?" „Ich?", antwortet er. „Ich helfe die schönste und größte Kathedrale in meiner Stadt zu bauen!"

Die Geschichte zeigt, wie drei Menschen, die alle die gleiche Tätigkeit ausüben, diese sehr unterschiedlich interpretieren. Während der erste Steinmetz eine Arbeit einfach als einen Job sieht, um Geld zu verdienen, sieht der zweite Steinmetz die Aufstiegs- und Karrieremöglichkeiten, die sich für ihn bieten. Für den dritten Steinmetz scheint die Aufgabe sogar eine Berufung zu sein: Er wird eines Tages stolz in der Kathedrale auf die Steine, die er behauen hat, zeigen und seinen

Mitmenschen sagen: „Seht her, das ist mein Beitrag zu diesem Bauwerk, welches für die Ewigkeit gebaut ist und vielen Menschen Freude bereiten wird."

In den meisten Unternehmen gibt es eine Arbeitsbeschreibung, die von Vorgesetzten entworfen wurde und welche Aufgaben beinhaltet, die in einer bestimmten Rolle zu erfüllen sind. Die Beschreibung ist dabei nicht auf die individuelle Persönlichkeit des Angestellten zugeschnitten, sondern ist für jede Person, die die Position ausfüllt, bestimmt („Die Maße der Steine sind so und so, so und so viele müssen pro Tag behauen werden, dabei ist dieser Hammer und jener Meißel zu verwenden, usw."). Gleichzeitig hat sie Einfluss darauf, wie der Angestellte die Aufgabe wahrnimmt und ob er einen Sinn in dem sehen kann, an dem er jeden Tag arbeitet. Der Betreiber des Steinbruchs konnte offensichtlich nicht allen Mitarbeitern verdeutlichen, dass sie an einem höheren Sinn arbeiten, indem sie dazu beitragen, eine berühmte Kathedrale zu errichten. Immerhin: ein Mitarbeiter hatte dies offensichtlich erkannt.

Eine bestimmte Tätigkeit für sich selbst zu interpretieren und damit anders auszulegen und vielleicht sogar leicht unterschiedlich auszuüben, als es die Kolleginnen und Kollegen tun oder als es in der Arbeitsbeschreibung steht, nennt man „Job Crafting". Es ist eine gute Methode, Engagement bei der Arbeit, Arbeitszufriedenheit, Belastbarkeit und letztendlich Erfolg zu fördern. Die Organisationspsychologin Amy Wrzesniewski von der *Yale School of Management* definiert „Job Crafting" als „the physical and cognitive changes individuals make in the task or relational boundaries of their work"[5] (Wrzesniewski & Dutton, 2001, S. 179). Indem Arbeitnehmer sich den Möglichkeiten der Interpretation ihrer Tätigkeit gedanklich öffnen, können sie eine besondere Sinnhaftigkeit in ihrer Arbeit entdecken und sich diese zur Steigerung ihres eigenen subjektiven Wohlbefindens zunutze machen. Wer schließlich einen Sinn in seiner Arbeit sieht, sieht seine Arbeit eher als Berufung denn als reinen Job zum Geldverdienen. Abb. 3.2 stellt den Zusammenhang zwischen „Job Description" und „Job Crafting" im Hinblick auf die Sinnhaftigkeit, die aus der Aufgabe abgeleitet wird, dar.

Sinnhaftigkeit kann dabei in allen möglichen Tätigkeiten entdeckt werden, unabhängig davon, ob es sich dabei um eine Routinearbeit oder eine hochkomplexe Tätigkeit handelt; oder ob es sich um eine Arbeit auf der unteren Hierarchieebene oder einer sehr hohen Ebene einer Organisation handelt. Ein Schlüssel zum „Job Crafting" besteht darin, den Inhalt der Arbeit von der Bewertung der Tätigkeit zu trennen. Für eine Arbeitnehmerin stellt sich dann die Frage

---

[5] Auf deutsch: „[...] die physischen und kognitiven Veränderungen, die Individuen an der Aufgabe oder den Beziehungsgrenzen ihrer Arbeit vornehmen." (eigene Übersetzung).

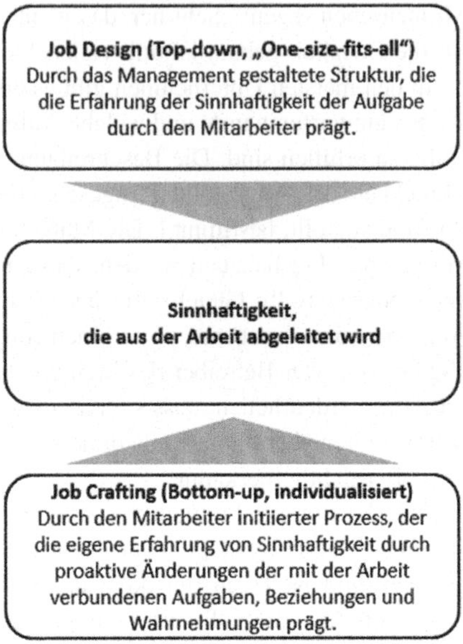

Abb. 3.2 Der Sinn der Arbeitsaufgaben, ableitet vom Job Design und durch Job Crafting. (In Anlehnung an (Quelle: Berg et al., 2013, S. 85, eigene Übersetzung))

Job Design (Top-down, „One-size-fits-all")
Durch das Management gestaltete Struktur, die die Erfahrung der Sinnhaftigkeit der Aufgabe durch den Mitarbeiter prägt.

Sinnhaftigkeit,
die aus der Arbeit abgeleitet wird

Job Crafting (Bottom-up, individualisiert)
Durch den Mitarbeiter initiierter Prozess, der die eigene Erfahrung von Sinnhaftigkeit durch proaktive Änderungen der mit der Arbeit verbundenen Aufgaben, Beziehungen und Wahrnehmungen prägt.

nach dem Inhalt ihrer auszuführenden Tätigkeit (zum Beispiel entsprechend der Arbeitsbeschreibung) und der Interpretation des Wertes der Arbeit (zum Beispiel dem Beitrag zur Gesundheit anderer Menschen). Es stellt sich aber auch die Frage nach der Rolle der Arbeitnehmerin im Unternehmen. Hierbei geht es nicht nur um ihre Position in der Unternehmensstruktur, wie sie aus einem Organigramm erkennbar wäre (zum Beispiel Mitarbeiterin in einer Social Media Abteilung mit drei Kolleginnen und Kollegen sowie einer Vorgesetzten) sondern auch um die Interpretation des wahrgenommenen Wertes der Rolle (als Kollegin, die bereits am längsten in der Abteilung arbeitet, nimmt diese zum Beispiel auch die Rolle einer Mentorin für neue Kolleginnen und Kollegen wahr). Und schließlich geht es um die eigene Reflexion über die Tätigkeit, der eine Arbeitnehmerin Tag für Tag nachgeht. Hier liegt auf der inhaltlichen Ebene der Fokus auf den eigenen Qualitäten und Charakteristika, die es einem erlauben, diese Tätigkeit auszuüben. Die entscheidende Frage zur Beeinflussung des Glücks bei der Arbeit liegt jedoch in der Interpretation dieser Tätigkeit (siehe Tab. 3.1). Wie das Beispiel der Steinmetze zeigt, bietet die gleiche, einfache Tätigkeit mehrere Interpretationsmöglichkeiten.

Amy Wrzesniewski beschreibt zusammen mit weiteren Autoren drei Arten des „Job Crafting" und gibt hierfür Beispiele aus einer Studie mit Reinigungskräften in einem Krankenhaus in den USA (Wrzesniewski et al., 2003, 2013): Beim

Tab. 3.1 Die Bedeutung der Arbeit basierend auf den Inhalten und der Bewertung der Aufgaben, Rolle und des Selbst. (Quelle: Wrzesniewski et al., 2003, S. 100)

	Bedeutung der beruflichen Tätigkeit	Bedeutung der Rolle	Bedeutung des Selbst
Inhalt der Aufgabe (Was?)	Merkmale von Aufgaben und Aktivitäten, die man bei der Arbeit erledigt	Merkmale der eigenen Rolle bei der Arbeit	Eigenschaften, die man sich selbst bei der Arbeit zuschreibt
Bewertung der Aufgabe (Welchen Wert hat es?)	Interpretierter Wert der beruflichen Tätigkeit und ihrer Aufgaben/Aktivitäten	Interpretierter Wert der Rolle(n) bei der Arbeit	Interpretierter Wert des Selbst bei der beruflichen Tätigkeit

„**Task Crafting**" ändert die Reinigungskraft die Anzahl, Art oder Eigenschaft der Aufgabe. Beispielsweise berichtete eine Reinigungskraft im Rahmen der Studie, wie sie bei Patienten, die einen längeren Aufenthalt in ihrem Krankenzimmer verbringen müssen, immer wieder die Bilder an den Wänden umhängt, sodass der Patient auf den ersten Blick ein anderes Bild sieht. Das „Bilderumhängen" ist nicht Teil der Arbeitsbeschreibung und wird von niemandem verlangt. Allerdings sind Patientinnen und Patienten für diese Art der Aufmerksamkeit sehr dankbar – und die Reinigungskraft reichert ihre Tätigkeit mit noch mehr Sinnhaftigkeit an. Beim „**Relational Crafting**" werden Anzahl, Art oder die Intensität von zwischenmenschlichen Interaktionen im Rahmen der Tätigkeit geändert. So könnte eine Reinigungskraft ihre Arbeit stumm im Krankenzimmer verrichten – oder sich mit der Patientin unterhalten. Vielleicht schaut sie auch bei Dienstschluss auf dem Weg nach Hause noch einmal kurz bei einem Patienten vorbei, der nie Besuch von Familienmitgliedern oder Freunden bekommt. Bei der dritten Art des „Job Crafting" handelt es sich um **„Cognitive Crafting"**. Darunter versteht man die bewusste Wahrnehmung der Aufgabe sowie ihrer Bedeutung und eine Interpretation der Aufgabe, welche das eigene Glück steigert. So meinte eine Reinigungskraft im Rahmen der Studie, dass sie eine Botschafterin sei – eine andere sagte, dass sie „heile": Schließlich sei es sie, die sterile Räume sicherstelle, in denen Patienten operiert, gepflegt und gesunden können.

Es ist wichtig zu verstehen, dass „Job Crafting" aus mindestens zwei Perspektiven von großer Bedeutung sein kann. Denn es kann nicht nur den eigenen Blick auf die alltägliche Arbeit verändern und dabei idealerweise das individuelle Glück steigern, sondern es verändern sich auch die sichtbaren Resultate der Tätigkeit mit entsprechenden (idealerweise positiven) Effekten auf Kollegen, Kunden, Geschäftspartner oder eben Patienten. Ein Kollege, der seine Arbeit widerwillig verrichtet, darin keinen Sinn erkennt und insbesondere montags im Angesicht der bevorstehenden Arbeitswoche schlecht gelaunt ist, ist ein wenig inspirierender Kollege, mit dem kaum jemand zusammenarbeiten möchte und dessen Arbeitsergebnisse in einer guten Woche höchstens der Arbeitsbeschreibung entsprechen. Die hier beschriebenen Steinmetze und Krankenhausmitarbeiter zeigen jedoch, wie sie durch „Job Crafting" nicht nur ihr eigenes subjektives Wohlbefinden steigern können sondern auch das der Patienten oder der zukünftigen Besucher der Kathedrale.

Tab. 3.2 fasst die Unterschiede der Interpretation einer Tätigkeit als Job, Karriere oder Berufung zwar etwas plakativ, dafür aber anschaulich zusammen: Bei jemandem, der seine Arbeit rein als Job betrachtet, liegt die Motivation für die Arbeit lediglich in der Gehaltsüberweisung, er würde seine Arbeit als Mühsal und Notwendigkeit beschreiben, seine Erwartung liegt wiederum lediglich in der Gehaltsüberweisung und er freut sich besonders auf den (freitäglichen) Feierabend sowie Urlaub. Wer die gleiche Tätigkeit als Teil seiner Karriere sieht, ist durch das Gehalt und durch das Erklimmen der nächsten Stufe der Karriereleiter motiviert, er sieht Arbeit als Wettbewerb um die nächste Beförderung, seine Erwartungen sind Prestige und Macht, und er freut sich auf die nächste Beförderung. Jemand, der die Tätigkeit als Berufung sieht, wird schließlich durch die Freude an der Arbeit motiviert und durch das, was er oder sie durch die Arbeit erreichen kann. Die Arbeit wird als Leidenschaft und Privileg beschrieben. Die Erwartungen an die Arbeit sind Erfüllung und ein Beitrag zu etwas, das größer ist als er oder sie selbst. Und man freut sich auf mehr Arbeit – also den Montag und den ersten Tag nach dem Urlaub.

Tab. 3.2 Unterscheidungsmerkmale zwischen Job, Karriere und Berufung bei gleichen Aufgaben. (Quelle: eigene Darstellung in Anlehnung an Wrzesniewski et al. (1997) sowie Diener und Biswas-Diener (2008) S. 71)

	Motivation	Beschreibt Arbeit als…	Erwartungen	Freut sich auf…
Job	Gehaltsüberweisung	Last, notwendiges Übel	Gehaltsüberweisung	Feierabend, Wochenende, Urlaub
Karriere	Geld, Beförderung	Wettbewerb	Prestige, Macht	Die nächste Beförderung
Berufung	Freude an der Arbeit; Leisten eines persönlichen Beitrags	Leidenschaft, Privileg	Erfüllung, Mitwirkung	Mehr Arbeit

▶ **Wie kann „Job Crafting" in einer Organisation gelingen?** Bringen Sie Menschen mit unterschiedlichen Persönlichkeiten und Hintergründen in Ihr Unternehmen und pflegen Sie eine Kultur der Wertschätzung der Unterschiede. Lassen Sie entsprechend autonomes Handeln zu und unterstützen Sie die sinnfördernde Interpretation von Tätigkeiten. Machen Sie diese Interpretationen transparent, indem Sie beispielsweise in internen Nachrichten darüber berichten und besonderes Engagement von Mitarbeiterinnen und Mitarbeitern honorieren. Kommunizieren Sie regelmäßig die Werte des Unternehmens, leben Sie diese vor und inspirieren Sie Mitarbeiterinnen und Mitarbeiter dazu, ihre eigenen Werte im Einklang mit den Unternehmenswerten zu leben. Weitere Hintergrundinformationen zu „Job Crafting" können Sie einem Vortrag von Amy Wrzesniewski unter https://www.youtube.com/watch?v=C_igfnctYjA entnehmen.

3.4 Wann ist ein Erfolg ein Erfolg?

Lassen Sie uns zum Abschluss dieses Kapitels nach den Überlegungen zur Sinnhaftigkeit der eigenen beruflichen Tätigkeit noch auf die große Frage des Erfolgs zu sprechen kommen. Wann ist ein Erfolg ein Erfolg? Was macht einen Menschen erfolgreich? Was genau ist Erfolg? Ist ein Mensch, der berühmt ist, erfolgreich? Im Kontext dieses Buches stellen sich natürlich insbesondere die Fragen: Sind erfolgreiche Menschen glücklich? Oder sind etwa glückliche Menschen besonders erfolgreich? Auf diese Fragen hat nicht nur die Wissenschaft einige Antworten, sondern auch die Gesellschaft beziehungsweise ihre Mitglieder. Werfen wir im Folgenden einige Schlaglichter auf das Thema Erfolg.

Allgemein wird Erfolg als das positive Ergebnis einer Bemühung verstanden. Was genau als Erfolg gesehen wird, kann demnach sehr stark variieren. Erfolg ist auch zeitabhängig: Eine 18jährige definiert für sich andere Dinge als Erfolg als eine 80jährige. Wenn eine Bemühung mit einem positiven Ergebnis abgeschlossen wird, trägt dieser Erfolg allgemein zum persönlichen Glücksempfinden bei – zumindest für einige Zeit. Kein Erwachsener wird sich über seine ersten Schritte noch so freuen, wie in dem Moment, in dem er die ersten Schritte erfolgreich bewältigt hatte.

Man kann in den verschiedensten Lebenssituationen und Lebensbereichen Erfolg haben. Für eine Studie zur Frage, was Erfolg für U.S. Amerikaner bedeutet, identifizierte das Markt- und Meinungsforschungsinstitut *Gallup* gemeinsam mit dem Thinktank *Populace* insgesamt 76 Attribute, mit deren Hilfe Erfolg charakterisiert werden kann.[6] (Gallup & Populace, 2019) Die 76 Attribute wurden in den acht Kategorien Charakter, Bildung, Finanzen, Gesundheit, Lebensqualität, Beziehungen, Status und Arbeit zusammengefasst.

Im Rahmen der *Success Index-Studie 2019* wurden 5242 Amerikanerinnen und Amerikaner zum Thema Erfolg befragt. Besonders aufschlussreich ist eine wichtige Unterscheidung, die im Rahmen der Studie getroffen wurde: So wurde einerseits untersucht, welche Attribute aus der Sicht der Befragten besonders zum individuellen persönlichen Erfolg beitragen. Andererseits wurde auch gefragt, welche Attribute aus ihrer Sicht aus der Perspektive der Gesellschaft für Erfolg stehen. Die Unterschiede könnten nicht eindeutiger sein: „Berühmt sein" ist demnach das Maß aller Dinge, wenn die Befragten darüber nachdenken, was andere denken, was Menschen erfolgreich macht. Aus individueller persönlicher Sicht landet das Attribut „berühmt sein" hingegen auf dem allerletzten Platz. Der wichtigste Beitrag zum persönlichen Erfolg ist dagegen „Eltern sein" noch vor einem High School-Abschluss. Aus gesamtgesellschaftlicher Sicht muss es allerdings schon ein Doktor oder MBA sein, um als erfolgreich angesehen zu werden – denken die Befragten (siehe Tab. 3.3).

Was den High School-Abschluss betrifft, so wird das Ergebnis der Studie unter Umständen etwas verzerrt, da fast alle Befragten einen High School-Abschluss haben und nur wenige einen Doktorgrad oder MBA. Immerhin, zum persönlichen Glück trägt damit bei vielen Befragten der Erfolg eines High School-Abschlusses bei. Allerdings wird dieses Glück getrübt, sobald man diesen Erfolg in Beziehung setzt mit dem, von dem man meint, was die Gesellschaft für einen wirklichen Bildungserfolg hält, nämlich einen akademischen Titel. Würde man nicht seinen eigenen Bildungserfolg mit der Sicht der Gesellschaft vergleichen, wäre der Beitrag der eigenen Leistung zum Erfolg und dem damit verbundenen Glück größer. Eine Studentin des „Success Factor Happiness"-Kurses, die an der Munich Business School ihren Master-Abschluss machte, meinte dazu: „Comparison is an act of violence against the self." – eine in diesem Kontext durchaus sinnvolle Erkenntnis, da es unzweifelhaft in Deutschland Menschen gibt, die einen noch besseren Abschluss haben und vielleicht sogar einen Doktortitel führen. Für sie selbst ist der Abschluss an der Munich Business School allerdings natürlich ein großer persönlicher Erfolg.

Im vorangegangenen Kapitel haben wir einiges über die Interpretation der eigenen beruflichen Tätigkeit zugunsten von Purpose und persönlichem Glück sowie den „Job Crafting"-Ansatz erfahren. In der *Success Index-Studie 2019* ist

---

[6] Insgesamt wurden 5242 Amerikanerinnen und Amerikaner befragt.

3.4 Wann ist ein Erfolg ein Erfolg?

Tab. 3.3 Die drei wichtigsten und drei unwichtigsten Attribute zur Definition von persönlichem Erfolg und Erfolg, wie Individuen denken, dass andere ihn definieren. (Grundgesamtheit 76; Quelle: Gallup & Populace, 2019)

Definition von Erfolg aus individueller persönlicher Sicht	
Wichtigste Attribute	
1	Mutter/Vater sein
2	Hat einen High School-Abschluss
3	Wird von anderen als vertrauenswürdig gesehen
Unwichtigste Attribute	
74	Kann den Arbeitstag selbst planen
75	Hat viele Follower in den sozialen Medien
76	Ist berühmt
Definition von Erfolg, wie Individuen denken, dass die Gesellschaft ihn definiert	
Wichtigste Attribute	
1	Ist berühmt
2	Führt einen akademischen Grad (Dr., MBA, …)
3	Ist Graduierter eine Eliteuniversität
Unwichtigste Attribute	
74	Sieht regelmäßig die Familienmitglieder
75	Ernährt sich gesund
76	Macht regelmäßig neue Erfahrungen

eine interessante Erkenntnis in diesem Zusammenhang zu entdecken. Vor allem vor dem Hintergrund der Diskussionen über systemrelevante Berufe während der Corona-Pandemie, in der plötzlich Paketboten, Reinigungskräften in Krankenhäusern und Kassierern im Supermarkt eine besondere Bedeutung zukam, stellt sich die Frage nach der Definition von Erfolg. Kann ein Vertreter der eben genannten „Blue Collar Worker" im Vergleich zu einem „White Collar Worker", der als Manager jeden Tag ins Büro oder als Arzt in die Praxis geht, in seiner Rolle überhaupt von beruflichem Erfolg sprechen? Wie die Studie zeigt, ist es für den persönlich definierten Erfolg nahezu unerheblich, ob man einem „Blue Collar" oder „White Collar"-Job nachgeht: Tatsächlich ist sogar das Attribut „Blue Collar" im Ranking aller Attribute für den persönlichen Erfolg leicht höher positioniert (Position 32) als das Attribut „White Collar" (Position 38). Allerdings ergibt ein Blick darauf, welcher Kategorie die Gesellschaft einen höheren Erfolg beimisst, ein drastisch anderes Bild: Das Attribut „White Collar" spielt für die

Beurteilung von Erfolg eine sehr große Rolle (Position 7), wohingegen, ein „Blue Collar"-Job kaum zu Erfolg aus gesellschaftlicher Sicht beiträgt (Position 55 von 76; siehe Tab. 3.4).

Eine Orientierung an den Maßstäben der Gesellschaft, was Erfolg ist und was nicht, kann demnach kaum zu persönlichem Glück führen. Denn die Erfolgsattribute unterscheiden sich zwischen beiden Perspektiven zu stark. Auch dies hatte die bereits genannte Studentin erkannt gehabt und meinte entsprechend: „Never measure your own success using someone else's ruler."

Doch trägt Erfolg nun also zum Glück bei oder ist es eher umgekehrt, dass glückliche Menschen auch erfolgreicher sind? Stark vereinfacht gesagt: Erfolgserlebnisse tragen zum persönlichen Glücksempfinden bei. Zumindest für einige Momente, vielleicht Tage oder sogar Wochen. Wer jedoch regelmäßig aus weiteren Quellen positive Emotionen verspürt, kann entsprechend stärker zum persönlichen Erfolg beitragen: er ist beispielsweise seltener krank, produktiver bei der Arbeit, kreativer und verdient sogar mehr. Eine Studie, die 170 Studien zum wechselseitigen Einfluss von Erfolg und Glück untersucht hat, kommt zu dem Ergebnis, dass „Glück mit dem beruflichen Erfolg korreliert und diesem oft vorausgeht" (Walsh et al., 2018) Umso wichtiger ist ein Verständnis dafür, was Glück bedeutet, wie man damit auch am Arbeitsplatz umgehen kann und in welchem Zusammenhang es mit Erfolg steht.

Wie Sie sehen, stellt das Streben nach einem falschen Erfolg (nämlich demjenigen, wie ihn die Gesellschaft und die „liebe Verwandtschaft" sehen) in Kombination mit einem ständigen Vergleichen einen großen Stolperstein für persönliches Glück dar. Und tatsächlich sind wir auch deshalb allzu oft in der uns schon bekannten Welt der Tretmühlen gefangen. Viele bleiben in dieser gefangen

Tab. 3.4 Bedeutung der Art der Berufstätigkeit als Arbeiter („Blue Collar") und Angestellter („White Collar") für den persönlichen und gesellschaftlich wahrgenommenen Erfolg; Rang bei insgesamt 76 Attributen, die bei der Befragung durch Gallup und Populace (2019) zur Auswahl standen

	Bedeutung für Erfolg	
	Rang aus persönlicher Sicht	Rang durch andere in der Gesellschaft
Hat einen Beruf als Arbeiter („blue-collar")	32	55
Hat einen Beruf als Angestellter („white-collar")	38	7

bis die „Midlife-Crisis" sie einholt, die sie nach einiger Reflexion über das Leben zum Ausstieg bewegt.

3.5 Quintupel Bottom Line-Modell

Die Sinnhaftigkeit der beruflichen Tätigkeit sowie der persönliche Erfolg sind also sehr individuell interpretierbar. Finanzielle Attribute wie Wohlstand und Reichtum sind dabei lediglich einige von vielen Attributen. Ob hingegen ein Unternehmen als Ganzes erfolgreich ist oder nicht, wird allzu oft (noch) rein an Finanzkennzahlen gemessen. Doch auch hier gibt es inzwischen Vorschläge für ganzheitlichere Ansätze. Ein einfaches Beispiel soll im Folgenden vorgestellt werden.

Zumindest börsennotierte Unternehmen veröffentlichen regelmäßig Finanzberichte. Auf diese richtet sich der Fokus bei der Beurteilung, wie erfolgreich das Unternehmen im letzten Quartal oder Jahr war. Immerhin veröffentlichen viele Unternehmen daneben heute auch Berichte zur „Corporate-Social-Responsibility" (CSR) – freiwillig oder weil sie vom Gesetzgeber dazu gezwungen werden. Das klassische Nachhaltigkeitsdenken in Unternehmen mündet dann häufig in der Veröffentlichung von Kennzahlen aus dem „Triple Bottom Line"-Ansatz: Wie groß waren also nicht nur die ökonomische Leistung des Unternehmens (Simple Bottom Line) sondern auch die Beiträge zum Schutz der Ökologie und zur Entwicklung der Gesellschaft.

Wenn die in diesem Buch beschrieben Aspekte des Glücks und des Purpose in einem Unternehmen jedoch ernst genommen werden sollen, so sind „Profit, People und Planet" um zwei weitere „Ps" zu ergänzen: „Passion" und „Purpose". Bruce Poon Tip, der Gründer eines Anbieters für nachhaltige Kleingruppenreisen, stellt diese Idee des „Quintuple Bottom Line-Ansatzes" in seinem inspirierenden Buch „Looptail" vor (Abb. 3.3) (Poon Tip, 2013, S. 148–149).

Entsprechend dieses Ansatzes ist ein Unternehmen nicht nur dann erfolgreich, wenn es Gewinne macht, die Umwelt schont und sich gesellschaftlich engagiert. Es ist erst dann erfolgreich, wenn seine Mitarbeiterinnen und Mitarbeiter sich während der Arbeit wohlfühlen, glücklich sind und im Rahmen ihrer Arbeit ihrer Leidenschaft nachgehen können. Außerdem soll ein Unternehmen einem „Higher Purpose" dienen – nur dann kann es als ein erfolgreiches Unternehmen gelten.[7]

Während die Messbarkeit des „Simple bottom line"-Ansatzes erprobt ist, seit es Buchhaltung gibt, stellen People und Planet und insbesondere Passion und

---

[7] In Christ und Schmidkonz (2016) wenden die Autoren den Vorschlag auf eine Untersuchung von Mitarbeiterglück der Generation Y in Deutschland an.

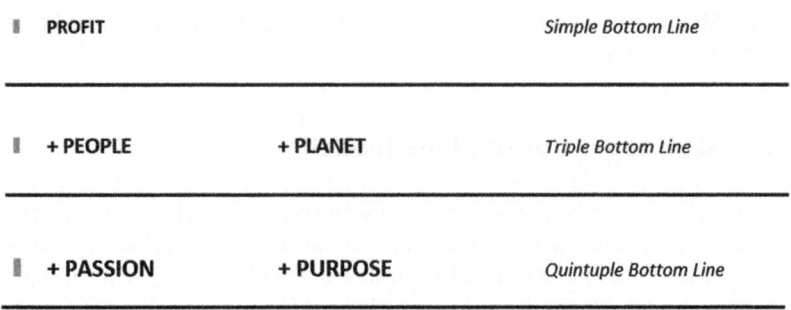

Abb. 3.3 Quintuple Bottom Line-Ansatz. (Quelle: in Anlehnung an Poon Tip, 2013)

Purpose größere Herausforderungen an die Quantifizierung. Messungen in Bezug auf den erweiterten Impact von Maßnahmen auf Gesellschaft, Umwelt und Purpose stellen eine Herausforderung dar, der sich immer mehr Institute widmen. Für die Messung von „Happiness at Work" selbst gibt es inzwischen verschiedene Anbieter entsprechender Softwaretools. Darüber hinaus gibt es einige Initiativen, die Arbeitgeberrankings mit Bezug auf das Wohlbefinden der Mitarbeiterinnen und Mitarbeiter in Unternehmen in verschiedenen Branchen und Ländern veröffentlichen. Diese senden wichtige Signale für die Attraktivität und damit das Employer-Branding eines Unternehmens.[8]

> **Ihr Transfer in die Praxis**
>
> - Überlegen Sie, welcher persönliche, beziehungsbasierte und gesellschaftliche Purpose in Ihrer Arbeit steckt.
> - Stellen Sie die Frage nach dem „Warum macht das Unternehmen das, was es macht?" (nicht „wie"/„wohin" oder „was")
> - Diskutieren Sie den Purpose des Unternehmens, in dem Sie arbeiten, mit Kolleginnen und Kollegen. Was sind ihre Antworten auf die Frage nach dem Warum?

---

[8] Das weltweit bekannteste und am weitesten verbreitete Ranking ist das „Great Place to Work®"-Ranking (https://www.greatplacetowork.com/). Der Anbieter ist als Forschungs- und Beratungsunternehmen in über 60 Ländern aktiv. Er gibt auf seiner Website an, dass von ihm ausgezeichnete Unternehmen über eine dreifach höhere Bewerberquote, 77 % höheres Mitarbeiterengagement, doppelt so hohe Weiterempfehlungsquote durch eigene Mitarbeitende, 50 % geringere Fluktuation und 75 % geringere Anzahl an Krankheitstagen verfügen.

- Falls Ihr Unternehmen noch kein „Purpose Statement" hat, entwerfen Sie eines – für sich oder für die nächste Besprechung in einem Team oder mit Vorgesetzten.
- Leiten Sie aus dem „Purpose Statement" des Unternehmens ihr persönliches „Purpose Statement" für ihre Arbeit ab.
- Versuchen Sie mittels „Job Crafting" ihre Arbeitsaufgaben anzureichern und damit den Purpose ihrer Tätigkeit zu steigern.
- Überlegen Sie, mit welchen Attributen Sie selbst Ihren persönlichen Erfolg beschreiben würden und mit welchen Attributen die Familie/Gesellschaft/Freunde Ihren Erfolg beschreiben würden.
- Stellen Sie Entscheidungsträgern Ideen vor, die zu ihrem Purpose und dem Purpose des Unternehmens beitragen können (Beispielsweise durch die Umstellung der auf Unternehmensrechnern voreingestellten Internetsuchmaschine auf *Ecosia*. *Ecosia*-Nutzer haben bereits zur Pflanzung von über einer Million Bäumen beigetragen. Durch regelmäßige Baumpflanzungen wird so mit jeder Suche 1 kg CO_2 aus der Atmosphäre genommen).◄

Literatur

Berg, J., Dutton, J., & Wrzesniewski, A. (2013). Job crafting and meaningful work. In B. Dik, Z. Byrne, & M. Steger (Hrsg.), *Purpose and meaning in the workplace* (S. 81–104). American Psychological Association.

Chouinard, Y. (2016). *Let my people go surfing: The education of a reluctant businessman*. Penguin.

Christ, J., & Schmidkonz, C. (2016). Analyse von Mitarbeiterglück anhand eines Quintuple-Bottom-Line-Modells am Beispiel der Generation Y in Deutschland. *Der Betriebswirt, 57*, 15–19.

Craig, N., & Snook, S. (2014). *From purpose to impact*. Retrieved from Harvard Business Review: https://hbr.org/2014/05/from-purpose-to-impact.

Diener, E., & Biswas-Diener, R. (2008). *Happiness – Unlocking the mysteries of psychological wealth*. Blackwell Publishing.

Gallup, Inc., Populace, Inc. (2019). *Success Index*. Gallup, Inc., Populace, Inc. Burlington/USA. https://populace.org/s/Populace-Success-Index.pdf.

Hurst, A. (2014). *The purpose economy – How your desire for impact, personal growth and community is changing the world*. Elevate.

Kofman, F. (2018). *The meaning revolution: leading with the power of purpose*. Penguin Random House.

Mackey, J., & Sisodia, R. (2013). *Conscious capitalism – Liberating the heroic spirit of business*. Harvard Business School Publishing.

Mackey, J., McIntosh, S., & Phipps, C. (2020). *Conscious leadership – Elevating humanity through business*. Penguin Random House.

Pontefract, D. (2016). *The purpose effect – Building meaning in yourself, your role and your organization*. Elevate.

Poon Tip, B. (2013). *Looptail – How one company changed the world by reinventing business*. Hachette Book Group.

Rennollet, I., Schmidkonz, C., & Kraft, P. (2020). The role of purpose in consumer choice: A comparison between baby boomers and millennials in Germany with a focus on sustainability and consciousness. *World Review of Entrepreneurship, Management and Sustainable Development, 16*(3), 241–261.

Stahlhofer, N., Schmidkonz, C., & Kraft, P. (2018). *Conscious business in Germany – Assessing the current situation and creating an outlook for a new paradigm*. Springer.

Walsh, L., Boehm, J., & Lyubomirsky, S. (2018). Does happiness promote career success? Revisiting the evidence. *Journal of Career Assessment, 26*(2), 199–219.

Wrzesniewski, A., & Dutton, J. (2001). Crafting a job: Revisioning employees as active crafters of their work. *Academy of Management Review, 26*(2), 179–201.

Wrzesniewski, A., Dutton, J., & Debebe, G. (2003). Interpersonal sensemaking and the meaning of Work. *Research in Organizational Behavior, 25*, 93–135.

Wrzesniewski, A., LoBuglio, N., Dutton, J., & Berg, J. (2013). Job crafting and cultivating positive meaning and identity in work. *Advances in Positive Organizational Psychology*, 281–302. https://doi.org/10.1108/S2046-410X(2013)0000001015.

Wrzesniewski, A., McCauley, C., Rozin, P., & Schwartz, B. (1997). Jobs, careers, and callings: People's relations to their work. *Journal of Research in Personality, 31*, 21–33.

Technologie und Glück 4

Was Sie aus diesem Kapitel mitnehmen
- Was digitale Abhängigkeit für das Glück bedeutet und was sie mit der „Skinner Box" zu tun hat.
- Welchen Hintergrund „Digital Detox" hat – und wie Sie mit „Digital Detox" 200 Bücher im Jahr lesen können.
- Wie „Digital Breaks" im Arbeitsalltag umgesetzt werden können.
- Wie Transformative Technologien (auch Well-being Technologien genannt) zur Steigerung des subjektiven Wohlbefindens beitragen können.
- Welche überraschenden Erkenntnisse sich durch das Tragen eines Gadgets zur Messung von Atemfrequenz und -tiefe im Arbeitsalltag gewinnen lassen.

Ein Leben ohne den alltäglichen Kontakt mit einem technischen Endgerät ist kaum mehr vorstellbar. Während die Generation Y Ende des letzten Jahrtausends noch mit Drehwahlscheibentelefonen und Kassettenrekordern großgeworden ist, sind spätestens seit der Jahrtausendwende Handy, Tablet, Laptop und allerlei „smarte" Geräte tägliche Begleiter im Privat- und Berufsleben. Die Entstehung einer mentalen digitalen Abhängigkeit ist heute ein weit verbreitetes Phänomen. Um Abstand von den Bildschirmen zu gewinnen, wird zu „Digital Detox"-Retreats eingeladen oder es werden „technologiefreie Räume" in Unternehmen eingerichtet. Doch auch wenn Alltagstechnologien bei übermäßiger Nutzung die Gesundheit beeinträchtigen können, können „Transformative Technologien" (auch „Well-being Technologien" genannt) als kleine Gadgets gezielt dafür eingesetzt werden, das subjektive Wohlbefinden zu steigern.[1] In jedem Fall ist ein bewusster Umgang mit den verfügbaren Technologien entscheidend, um sein persönliches Glück nicht beeinträchtigen zu lassen.

4.1 Digitale Abhängigkeit und die Skinner-Box in der Hosentasche

Der US-amerikanische Psychologe Burrhus F. Skinner kannte zwar noch keine Smartphones als er in den 30er Jahren des 20. Jahrhunderts seine ersten „Skinner-Boxen" baute, jedoch zeigte er bereits damals mit seinen Experimenten zur operanten Konditionierung, warum Menschen eines Tages im Schnitt 84 Mal am Tag auf ihr Smartphone schauen werden (bei acht Stunden Schlaf also ungefähr alle zwölf Minuten! (Aigner, 2018)). Skinner steckte Tiere (vornehmlich Tauben und Ratten) in eine spezielle Box, in der sie nach Betätigung eines Schaltmechanismus eine Belohnung in Form von Futter erhalten würden (Skinner, 1938). Er beobachtete, wie die Tiere, nachdem sie eher zufällig herausgefunden hatten, wie der Mechanismus funktionierte, diesen gezielt und regelmäßig in Gang setzten. Wurde die Futterausgabe durch Skinner manipuliert und es fiel trotz Betätigung des Mechanismus kein Futter in die Ausgabeschale, so wiederholte das Tier das operative Verhalten trotz des Ausbleibens der Konsequenz. Erst nach und nach verringerte es die Frequenz zur Betätigung des Hebels. Wurde die Futterausgabe allerdings wieder reaktiviert, so erhöhte sich auch die Frequenz wieder.

Im Jahr 2021 tragen geschätzt 3,8 Mrd. Menschen eine Skinner-Box im Hosentaschenformat mit sich (Statista, 2021a): das Smartphone. Für dieses gilt der gleiche Mechanismus: Auch ein Smartphone belohnt den Nutzer regelmäßig, wenn auch nicht immer vorhersehbar. Bekannt ist dies auch als Prinzip der „Random Rewards" (Markowetz et al., 2015). In Hinblick auf das Smartphone bedeutet dies, dass allein die Erwartung, beispielsweise eine neue Textnachricht zu empfangen oder einen neuen Nachrichtenbericht lesen zu können, den Nutzer in einen biochemischen Glücksrausch versetzen kann (Welledits et al., 2020).

Die Erwartung an einen (weiteren) Glücksschub drückt sich in der hohen Anziehungskraft des Smartphones oder Tablets aus. Im Arbeitskontext bedeutet dies, dass wir innerlich und häufig unbewusst von der Bearbeitung einer

---

[1] Bei Gadgets handelt es sich um kleine mechanische oder elektronische Geräte, die für einen praktischen Zweck eingesetzt und oft als Neuheit angesehen werden.

Aufgabe abgelenkt sind. Insbesondere, wenn wir uns nicht im „Arbeitsflow"[2] befinden, sondern eher gelangweilt oder gestresst sind, können *Cyberloafing* oder *Doomscrolling* von der Arbeit ablenken und damit die Arbeitsproduktivität senken.

1. Beim *Cyberloafing* werden die vom Arbeitgeber bereitgestellten Internetzugänge während der Arbeitszeit für private Aktivitäten genutzt: Kurz die privaten E-Mails oder Messenger-Nachrichten abrufen, schnell einen Online-Einkauf tätigen, die Börsenkurse oder Bundesligatabelle prüfen oder Likes und Herzchen auf einer der zahlreichen Social Media-Plattformen verteilen.
2. Beim *Doomscrolling* verliert sich der Leser darin, die Nachrichten auf diversen Nachrichtenportalen so lange nach unten zu scrollen, bis auch die letzte (schlechte) Nachricht zumindest kurz erfasst wurde.[3]

Schlimmstenfalls wird *Doomscrolling* auch nach der Arbeit und abends vor dem zu Bett gehen weitergeführt. Dies kann nicht nur zu niedriger Schlafqualität, sondern auch zu Ermüdungserscheinungen am Folgetag führen (Exelmans & Van den Bulck, 2016). Schuld daran ist die durch das Licht der LED-Bildschirmdioden unterdrückte Melatonin-Produktion (Müller, 2015). Letztendlich löst eine unkontrollierte Nutzung digitaler Endgeräte zunehmend Stress aus, obwohl die Digitalisierung eigentlich dazu führen sollte, Arbeitsabläufe zu vereinfachen und effizienter zu gestalten.

4.2 „Digital Detox" und „Digital Breaks"

Kein Wunder, dass bei der Suche nach dem Glück der Begriff „Digital Detox" auch im Arbeitsleben zunehmend an Bedeutung gewinnt. Definiert wird „Digital Detox" als „eine Zeitspanne, in der eine Person auf die Nutzung jeglicher elektronischen Geräte, wie etwa Smartphone oder Computer, verzichtet" (Welledits et al., 2020, S. 21). Für viele ist dies im modernen Arbeitsalltag zwar nicht möglich, einige kleinere „Digital Breaks" lassen sich aber in der Regel doch über den Arbeitstag verteilt umsetzen.

---

[2] Das wichtigste Buch zum Thema „Flow" und Glück ist „flow – The Psychology of Optimal Experience" des ungarischen Psychologen Mihály Csíkszentmihályi (1990).
[3] Das Oxford English Dictionary nahm den Begriff 2020 in das Wörterbuch auf. *Doomscrolling* wurde im gleichen Jahr auch ein „Wort des Jahres".

▶ **Tip zur Umsetzung von „Digital Breaks": die „Pomodoro-Technik"**
Viele Softwareentwickler setzen die von Francesco Cirillo in den 80er Jahren entwickelte „Pomodoro-Technik" ein, um regelmäßig „Digital Breaks" in ihre Arbeitsprozesse einzubauen (Cirillo, 2018). Die Technik selbst besteht aus fünf Schritten:

1. Definieren Sie die Aufgabe, an der Sie arbeiten möchten/müssen.
2. Stellen Sie einen Timer auf 25 min
3. Arbeiten Sie an der Aufgabe.
4. Nach 25 min machen Sie ein „X" auf ein Blatt Papier
5. Falls Sie weniger als vier „X" notiert haben, machen Sie ein 5 min langes „Digital Break"; falls Sie bereits vier „X" notiert haben, machen Sie ein längeres „Digital Break" (15 bis 30 min)

Auch wenn auf den ersten Blick der Eindruck entstehen könnte, dass auf diese Weise der Arbeitsprozess zu häufig unterbrochen wird, können nach einer Eingewöhnungszeit die regelmäßigen fünfminütigen „Digital Breaks" helfen, Produktivität und subjektives Wohlbefinden während des Arbeitstags zu steigern. Übrigens ist die „Pomodoro-Technik" auch unter Studenten während der Examensvorbereitung beliebt und gewinnt zunehmend beim Online-Unterricht an Popularität.

Der Begriff und die Idee des „Digital Detox" wurden im Jahr 2013 weltweit bekannt, nachdem Nachrichtenportale über die Eröffnung von „Camp Grounded", dem ersten „Digital Detox Camp" in Kalifornien, berichteten. Die Regeln dort waren einfach: keine digitale Technologie, keine Uhren, keine Gespräche über die Arbeit, keine Drogen und Alkohol und keine unnatürlichen Lichtquellen (Welledits et al., 2020). Für zumindest ein verlängertes Wochenende konnten Teilnehmerinnen und Teilnehmer hier von den ständigen digitalen Einflüssen abschalten und sich Aktivitäten widmen, wie man sie noch aus Sommercamp-Zeiten in der Jugend kannte.

Die Nutzung von Computern, Tablets und Smartphones erreichte während der Coronapandemie ihren vorläufigen Höhepunkt, als Millionen Angestellte in ihren Wohnungen ein Home-Office einrichteten und Millionen Schülerinnen und Schüler zu Hause Distanzunterricht hatten, in dessen Zentrum ein Laptop mit Internetanschluss stand. Einerseits konnten so die gewohnten Aufgaben zwar weiterhin abgearbeitet werden, allerdings stieg gleichzeitig die Belastung durch die intensive Bildschirmtätigkeit deutlich an. Abgesehen von noch zu untersuchenden langfristigen psychischen Folgen konnte eine Studie aus Wuhan bereits feststellen, dass bei jungen Kindern die Prävalenz von Kurzsichtigkeit im Jahr 2020 im Vergleich zu den letzten 5 Jahren je nach Alter um das 1,4- bis 3-fache stieg (Wang et al., 2021).

Unternehmen und Hochschulen richten heute „Digital Detox Zones" ein, in denen die Nutzung aller digitalen Endgeräte verboten oder erst gar nicht möglich ist. Ein Mittagessen sowie ein Spaziergang in der Mittagspause ohne Handy sind beliebte „Digital Breaks". Auch wenn also eine „Entgiftung" wie im „Camp Grounded" im Alltag wenig praktikabel erscheint, werden so Räume und Momente geschaffen, die eine „Bildschirmpause" erzwingen. Regelmäßige „Digital Detox"-Momente können so in den Arbeitsalltag integriert werden.

Unnötige Smartphone-Nutzung zu verringern, ist häufig leichter gesagt als getan. Eine bewusste Entscheidung ist notwendig, um die erlernten Gewohnheiten zu durchbrechen. Oft versagt dabei unsere Meta-Aufmerksamkeit (siehe Abschn. 2.1.3). Einige Smartphones und Tablets führen uns dies in Tages- und Wochenberichten zum „Digital Well-being" vor Augen. Häufig sind wir überrascht, wie oft wir das Handy entsperrt hatten, wie lange die Summe aller kleinen Momente am Smartphone dann wirklich ist und wie viel Zeit die Nutzung mancher Apps über die Woche tatsächlich frisst. Ohne Selbsterkenntnis, Selbstkontrolle und einem Bewusstsein für den eigenen Umgang mit dem Smartphone, Tablet und Notebook ist kein gesunder Umgang mit Technologien möglich.

▶ Folgende fünf Tricks und Kniffe können dabei helfen, sich von den durch Technologien ausgelösten Impulsen zu lösen (siehe auch Welledits et al., 2020):

1. Schalten Sie alle Benachrichtigungen am Smartphone aus und entscheiden Sie selbst, wann Sie eingehende Informationen lesen möchten. Ignorieren Sie also bewusst Textnachrichten zu dem Zeitpunkt, in dem sie eintreffen. Wenn es wirklich dringend ist, wird man Sie anrufen.
2. Rufen Sie E-Mails in selbst festgelegten Zeitfenstern ab – und widmen Sie sich ansonsten Ihren Aufgaben. Denken Sie daran, dass das Abrufen von E-Mails nicht Teil einer „Pause" sein sollte, da das Abrufen bereits Stress auslösen kann.
3. Denken Sie an das „Ein-Mal-Anfassen-Prinzip": Sobald Sie eine E-Mail geöffnet haben, schließen Sie diese erst wieder, wenn sie vollständig bearbeitet wurde.

4. Löschen Sie Apps und steigen Sie auf Browser-Nutzung um. Loggen Sie sich jedes Mal aus der besuchten Anwendung. Machen Sie es sich so umständlich wie möglich, die zeitraubenden Seiten zu besuchen – dann werden Sie sie weniger häufig besuchen.
5. Nehmen Sie das Smartphone mit in den Urlaub – für Notfälle. Fragen Sie nicht nach dem WLAN-Zugang im Hotel und buchen Sie nicht das Auslandsinternetpaket Ihres Anbieters zum Vertrag.

Mit „Digital Detox" 200 Bücher im Jahr lesen
Wann haben Sie zuletzt ein Buch gelesen? Und wann haben Sie zuletzt 200 Bücher im Jahr gelesen? Sie haben noch nie so viele Bücher in einem Jahr gelesen? Dann verbringen Sie wahrscheinlich ziemlich viel Zeit mit sozialen Medien und Fernsehen/YouTube. 200 Bücher im Jahr zu lesen ist gar nicht so unmöglich, wie es auf den ersten Blick erscheint. Angenommen Sie lesen in einer Geschwindigkeit von 400 Worten pro Minute (damit fallen Sie in die Kategorie „gute Leserin"). Nehmen wir weiter an, dass ein Buch 50.000 Worte umfasst (dies entspricht ungefähr 230 Taschenbuchseiten). Für 200 Bücher bräuchten Sie dann 417 h im Jahr. Schauen Sie einmal in den „Digital Well-being"-Statistiken Ihres Smartphones nach, wie viele Stunden Sie auf welchen Apps verbringen; insbesondere Social Media und YouTube. Und rechnen Sie sich dann selbst aus, wie viele Bücher Sie lesen könnten, wenn Sie das Handy beiseitelegen würden. Falls übrigens ein deutscher Jugendlicher ein Jahr lang vollständig auf die Internetnutzung (immerhin über 200 Minuten täglich, (Statista, 2021b)) verzichten würde und anstatt dessen ein Buch lesen würde, würde er es sogar auf 600 Bücher im Jahr bringen!

Auch wenn wir also in die Abhängigkeit von modernen „Skinner-Boxen" in unseren Hosen- und Jackentaschen geraten und dadurch unser Glück negativ beeinflusst wird, so gibt es doch auch Technologien, die uns dabei helfen (sollen), unser subjektives Wohlbefinden zu steigern. Der folgende Abschnitt ist daher einer kurzen Einführung in die Welt der „Transformativen Technologien" gewidmet.

4.3 Transformative Technologien zur Steigerung des subjektiven Wohlbefindens

In den 2010er Jahren hat ein neuartiger Technologiebereich Einzug in viele Haushalte gehalten und eine sehr dynamische Entwicklung vollzogen: „Wellness Technology" ist inzwischen ein Markt, in dem Unternehmen Milliardenbewertungen erzielen. Er lässt sich grob in drei Teilbereiche unterteilen (Nfluence Partners, 2020):

1. Physisches Wohlbefinden
2. Mentales und emotionales Wohlbefinden
3. Wohlbefinden am Arbeitsplatz und in Gemeinschaften

Im Bereich des physischen Wohlbefindens sind Fitness-Marken wie *fitbit, Peloton, Garmin* oder allerlei Smart-Watches mit Fitnesskomponenten wie Schrittzähler und Pulsmesser bekannt. Die zweite Kategorie repräsentiert die Gruppe der „Transformativen Technologien" bzw. „Well-being Technologien".[4] Dabei handelt es sich um Geräte, die primär dazu beitragen sollen, den geistig-emotionalen Zustand des Trägers zu verbessern und erst in zweiter Linie damit auch indirekt das körperliche Wohlbefinden. Die dritte Kategorie umfasst jegliche Anbieter, die digitale Gesundheitsplattformen für Unternehmen oder Interessensgruppen bereitstellen. Im Zusammenhang mit Glück und subjektivem Wohlbefinden interessiert uns insbesondere der zweite Bereich.

Dieser lässt sich wiederum in diverse Unterkategorien einteilen, die hier nur unvollständig wiedergegeben werden können:[5]

- **Sensor-Tech:**
  Wearables, in die verschiedenste Sensoren eingebaut sind. Obwohl auch in den anderen Kategorien Sensoren Teile der Geräte sind, sind hier Geräte gemeint, die den ganzen Tag lang getragen und genutzt werden können, wie zum Beispiel Smart-Watches.
- **Biofeedback-Tech:**
  Geräte, die beispielsweise Atemfrequenz und -intensität messen, analysieren und dem Träger Hinweise zur Optimierung seiner Atmung geben. So gibt *Spire* ein Vibrationsfeedback, wenn sich beispielsweise die Atmung möglicherweise stressbedingt verflacht und die Atemfrequenz steigt.
- **Biotism-Tech:**
  Technologien, die periphere Nerven oder den Vagusnerv stimulieren. Zum Teil handelt es sich dabei um medizinische Geräte. Im Heimgebrauch verspricht beispielsweise *Sensate* einen positiven Effekt durch die Stimulierung des Vagusnervs mittels Schallresonanz.

---

[4] Der Begriff „Transformative Technologien" (Transtech) wurde durch das „Transformative Technology Lab" (TTL) der *Sofia University* in *Palo Alto,* Kalifornien geprägt. Allgemein wird häufiger von „Well-Being Technologie" gesprochen.

[5] Die Aufteilung erfolgt in Anlehnung an (Schmidkonz et al., 2018).

- **Neurofeedback-Tech:**
  Technologien, die direktes Feedback vom menschlichen Nervensystem erhalten und in den meisten Fällen die Hirnaktivität erfassen. Das Kopfband *muse*, welches als „Mini EEG" Gehirnströme messen kann, zählt hier zu den bekanntesten Vertretern. Als Neurofeedbackgerät kann es die gesammelten Werte auch interpretieren und dem Träger über ausgespielte, sich verändernde Klangwelten unmittelbar Rückmeldung über die Art der erzeugten Gehirnwellen geben.
- **Neurotism-Tech:**
  Technologien, die versuchen das Gehirn bzw. bestimmte Regionen des Gehirns beispielsweise durch transkranielle Magnetstimulation (TMS) so zu stimulieren, dass das emotionale und mentale Wohlbefinden gesteigert wird; in diesem Bereich werden Geräte wie *NeoRhythm* angeboten, die über die Gehirnstimulation zu höherer Konzentration oder besserem Muskelgedächtnis bei sportlichen Aktivitäten führen sollen.
- **Sleep-Tech:**
  Geräte, die den Schlafprozess überwachen und die Schlafqualität optimieren helfen sollen. Dies umfasst unter anderen die Analyse von Schlafzyklen, Herzfrequenzvariabilität und Atemfrequenz. Lösungen finden sich zum Beispiel in der Anwendung von Schlafkopfhörern wie *kokoon* oder dem *Oura* Ring.
- **Healthy Spaces-Tech:**
  Technologien, die in der Umwelt und in Gebäuden zum Beispiel über Design, Luft oder Beleuchtung Optimierungen herbeiführen, die emotionales und mentales Wohlbefinden fördern. Hierunter fallen zum Beispiel tragbare Luftverschmutzungsmessgeräte wie *Atmotube*, Leuchten wie *HEAVN* oder synchronisierte Aromatherapiegeräte.
- **Apps:**
  Apps, die beispielsweise Meditationen anleiten. Zu den bekanntesten Vertretern gehören *Calm, Headspace, InsightTimer* und *10 % happier*.

Durch die zunehmend ausgeklügelteren Einsatzmöglichkeiten von Well-being Technologien verschwimmen die Grenzen zwischen den für den Privatgebrauch angebotenen Geräten zur Steigerung des mentalen und physisches Wohlbefindens und dem professionellen Medizinsektor zunehmend. Immer häufiger finden sich Angebote, bei denen Sensor-Tech-Geräte mit der Möglichkeit verbunden werden, die gesammelten Daten durch medizinisches Fachpersonal auswerten und bewerten zu lassen.

Letztendlich geht es bei den meisten Geräten darum, ein besseres Gleichgewicht zwischen der Stimulation des sympathischen und des parasympathischen

Teils des Nervensystems zu erzielen. Sie können dabei helfen, die Meta-Aufmerksamkeit für über den Tag auftretende Impulse zu schärfen. So können Transformative Technologien dazu beitragen, die wechselseitigen Einflüsse von Körper und Geist besser zu verstehen. Auf diese Weise können wir interessante und wichtige Erkenntnisse über uns selbst gewinnen, aus denen wir Verhaltens- und Gewohnheitsänderungen ableiten können. Stellen wir dadurch eine Verbesserung unseres Glücksgefühls fest, sollten wir allerdings auch in der Lage sein, die Technologien wieder beiseitezulegen und sehr bewusst alleine auf unseren Körper hören.

Praxisbeispiel für den Einsatz von „Transformativen Technologien" während der Arbeit

Am 18. Juli 2018 fand an einer Hochschule ein Ganztagesworkshop statt, in dem auch die Stressmomente des Workshopleiters erfasst werden sollten. Zu diesem Zweck trug dieser den ganzen Tag das Biofeedback-Gerät *Spire*, welches, innerhalb des Hosenbundes getragen, die Atemfrequenz sowie Atemtiefe anhand der Bauchdeckenbewegungen maß. Erwartet wurde, dass während des Workshops immer wieder Stressmomente erfasst würden, bei denen die Atmung (ausgelöst durch das sympathische Nervensystem) unregelmäßiger, schneller und flacher werden würde. Tatsächlich wurden über den Tag einige kürzere Stressmomente durch *Spire* erfasst (siehe Abb. 4.1).

Entgegen der ursprünglichen Annahme traten zwei der drei größeren Stressmomente nicht während des Workshops auf, sondern in den Pausen, in denen der Workshopleiter seine E-Mails abrief. Diese Tätigkeit setzte den Körper unbewusst unter Stress: Was, wenn in der Pause eine wichtige E-Mail gelesen werden würde, die nicht im Rahmen der Pausenzeit und möglicherweise nicht einmal am Tag des Workshops beantwortet werden könnte? Vielleicht kommt auch eine andersartig unangenehme E-Mail an? Ganz offensichtlich löste das eigentlich als Entspannung gedachte Abrufen der E-Mails unterbewusst eine Stressreaktion im Körper aus.

Der dritte eindeutige Stressmoment trat während der Präsentation der Workshopergebnisse durch die Teilnehmerinnen und Teilnehmer des Workshops auf. Eigentlich ein Moment, in dem der Workshopleiter davon ausging, entspannt den Präsentationen der erarbeiteten Vorschläge für die Verbesserung des Glücksempfindens am Arbeitsplatz zuhören zu können. Tatsächlich lösten die Vorträge allerdings eine körperliche Stressreaktion aus: Der Workshopleiter hatte die Leitung des Workshops für die Zeit der Vorträge aus der Hand gegeben. Wird zu erkennen sein, dass die Teilnehmerinnen und Teilnehmer

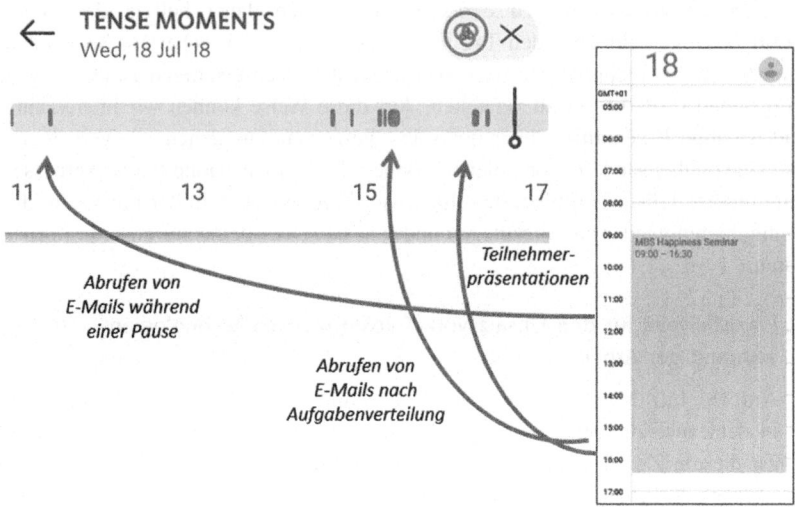

Abb. 4.1 Registrierte Stressmomente durch das Biofeedback-Gerät *Spire* nach Uhrzeit während der Anleitung eines Ganztagesworkshops. (Quelle: eigene Darstellung)

die Inhalte des Workshops umfassend verstanden haben und diese umsetzen können? Werden die Präsentationen interessant und unterhaltsam sein? Wie werden die Zuhörerinnen und Zuhörer auf das Gehörte reagieren?

Während der Vermittlung der Workshopinhalte, der zahlreichen Diskussionen und der stundenlangen Leitung des Workshops, der die Erwartungen der neugierigen Teilnehmerinnen und Teilnehmer befriedigen sollte, entstanden hingegen keine Stressmomente. Zugegebenermaßen hat der Workshopleiter bereits viele Jahre Erfahrung in der Anleitung von Seminaren und Workshops, was sich in der von *Spire* registrierten Atemaktivität widerzuspiegeln schien. Dass aber offensichtlich gerade die Pausen zu den Stressmomenten des Tages gehörten, hatte er nicht erwartet gehabt.◄

In jedem Fall hängt Glück im Zusammenhang mit der Nutzung von Technologien vom bewussten Umgang mit ihnen ab. Um die Gefahr einer Übernutzung und digitalen Abhängigkeit zu vermeiden, sind Selbstdisziplin und ein gelegentliches „Sich-selbst-austricksen" notwendig. Digitale Pausen und sogar ein längerer „Digital Detox" schaffen Räume der physischen und geistigen Entspannung und

Ruhe. Transformative Technologien versprechen, dass durch ihre Nutzung (in diesem Fall: je mehr desto besser), das subjektive Wohlbefinden gesteigert werden kann. Doch auch für sie ist ein bewusster Umgang Voraussetzung, um positive Effekte zu erzielen. Wer Atem- und Herzfrequenz, Gehirnwellen, Schrittzahl, Dauer der REM-Schlafphasen und so weiter laufend misst, begibt sich im Zweifel in eine zu große durch Algorithmen geprägte „Optimierungsabhängigkeit" und verliert das Gespür für den eigenen Körper. Ständige Selbstoptimierung kann dann doch wieder zu Stress führen. Da wir im 21. Jahrhundert mehr und mehr von Technologien umgeben sein werden, ist eine Auseinandersetzung mit den Wirkungen von digitalen Einflüssen auf den menschlichen Körper also unbedingt notwendig.

Ihr Transfer in die Praxis

- Werden Sie sich Ihres Nutzungsverhaltes im Hinblick auf Smartphone, Tablet und Laptop bewusst. Werfen Sie immer wieder einen Blick in die „Digital Well-being"-Statistiken, die Ihr Smartphone erstellt.
- Richten Sie sich bewusst „Digital Breaks" während eines Arbeitstages ein – und erfahren Sie regelmäßig, beispielsweise am Sonntag, einen „Digital Detox Day".
- Vermeiden Sie Cyberloafing während der Arbeit, beispielsweise indem Sie sich aus allen verlockenden Apps und Websites nach der Nutzung immer ausloggen.
- Wenn Sie neugierig sind, machen Sie sich mit dem Angebot von Wellbeing-Technologien vertraut. Nutzen Sie immer nur ein Gerät und dieses sehr bewusst. Achten Sie darauf, dass Sie nie nur auf das Gadget anstatt den Körper hören.
- Limitieren Sie strikt ihre tägliche Online-Nutzung (beispielsweise durch Apps, die das Smartphone sperren oder die App *Forest,* mit der Sie einen virtuellen Wald wachsen lassen können) – und starten Sie ein Jahr, in dem Sie so viele Bücher lesen, wie schon lange nicht mehr/noch nie.◄

Literatur

Aigner, F. (2018). *TU Wien.* Abgerufen am 08.02 2021 von Beruflich oder privat? Smartphones erschweren die Grenzziehung: https://www.tuwien.at/tu-wien/aktuelles/news/news/berufl ich-oder-privat-smartphones-erschweren-die-grenzziehung-1/.

Cirillo, F. (2018). *The pomodoro technique – The acclaimed time-management system that has transformed how we work*. Crown Publishing Group.
Csíkszentmihályi, M. (1990). *Flow – The psychology of optimal experience*. HarperCollins.
Exelmans, L., & Van den Bulck, J. (2016). Bedtime mobile phone use and sleep in adults. *Social Science & Medicine, 148*, 93–101.
Markowetz, A., Schwarz, A.-K., & Wielpütz, J. (2015). *Digitaler Burnout: Warum unsere permanente Smartphone-Nutzung gefährlich ist*. Knaur Verlag.
Müller, T. (2015). Stört Blaulichtdusche durch Tablet und Smartphone den Schlaf? *InFo Neurologie & Psychiatrie, 17*(1), 69–70.
Partners, N. (2020). *State of market wellness technology Q4 2020*. Nfluence Partners.
Schmidkonz, C., Kraft, P., & Reitmeier, P. (2018). Wie Technologien zur inneren Ruhe führen sollen. *KMU-Magazin*, 11–12, 42–45.
Skinner, B. (1938). *The behavior of organisms: An experimental analysis*. Appleton-Century.
Statista. (2021a). *Number of smartphone users worldwide from 2016 to 2021*. Von Statista: https://www.statista.com/statistics/330695/number-of-smartphone-users-worldwide/.
Statista. (2021b). *Tägliche Dauer der Internetnutzung durch Jugendliche in Deutschland in den Jahren 2006 bis 2019*. Abgerufen am 22. 03 2021 von Statista: https://de.statista.com/statistik/daten/studie/168069/umfrage/taegliche-internetnutzung-durch-jugendliche/.
Wang, J., Li, Y., Musch, D., Wei, N., Qi, X., & Ding, G., et al. (2021). Progression of myopia in school-aged children after COVID-19 home confinement. *JAMA Ophthalmology, 139*(3), 293–300.
Welledits, V., Schmidkonz, C., & Kraft, P. (2020). *Digital Detox im Arbeitsleben – Methoden und Empfehlungen für einen gesunden Einsatz von Technologien*. Springer Fachmedien Wiesbaden GmbH.

Fazit und Ausblick

Die Frage nach dem Glück besteht in Wirklichkeit aus vielen Fragen, von denen ein Großteil wohl nie endgültig beantwortet werden wird. Trotzdem lohnt es, sich mit den zahlreichen Facetten des Glücks im Leben auseinanderzusetzen. Es gibt viel zu entdecken, manches ist neu für einen, manches bestätigt bereits bestehende Verhaltensweisen. In jedem Fall können die in diesem Buch vorgestellten Ausschnitte aus der Welt des Glücks zum subjektiven Wohlbefinden und damit gleichzeitig zur physischen Gesundheit beitragen.

Beim Streben nach dem Glück ist der Weg das Ziel: das endgültige, finale Glück gibt es nicht. Doch der Weg beschränkt sich dabei nicht auf das Privatleben und die Freizeit, sondern selbstverständlich auch auf die Arbeitszeit. Immer mehr Unternehmen entdecken das Thema als mehr oder weniger selbstverständlichen und gelebten Bestandteil ihrer Unternehmenskultur. Sie schicken Mitarbeiterinnen und Mitarbeiter sowie Führungskräfte zu Achtsamkeitstrainings, sind offen für Ergebnisse der interdisziplinären Glücksforschung – und machen bei der Umsetzung immer wieder auch Fehler.

Unter den Mitarbeiterinnen und Mitarbeitern eines Unternehmens ist es häufig auch eine Generationenfrage, wie offen sie für praktizierte Achtsamkeit im Arbeitsalltag sind. Viele ältere kümmern sich erst nach einem Burn-out oder während der Midlife-Crisis um ihre geistige Gesundheit. Für jüngere Berufseinsteiger, die bereits während des Studiums oder sogar der Schulzeit beispielsweise während Prüfungszeiten Zugang zu Achtsamkeitsapps gefunden haben, ist es viel selbstverständlicher, Achtsamkeit auch in den Arbeitsalltag einziehen zu lassen. Ältere Mitarbeiterinnen und Mitarbeiter können sich hier das eine oder andere von der jüngeren Generation abschauen.

Als der sowjetische Wirtschaftswissenschaftler Nikolai Dmitrijewitsch Kondratjew 1926 seine Idee der (später vom österreichischen Ökonomen und Politiker Joseph Schumpeter so genannten) „Kondratjew-Zyklen" veröffentlichte, dachte noch kaum jemand an Themen wie Glück, Achtsamkeit, Dankbarkeit und Mitgefühl im Arbeitsleben. Seiner Analyse nach erfolgt die ökonomische Entwicklung in den Industriestaaten in etwa fünfzig bis sechzig Jahre dauernden langen Wellen des konjunkturellen Auf- und Abschwungs. Jede Welle wird dabei durch wegweisende Basisinnovationen angestoßen. Maßgeblich für die ersten fünf Wellen seit den 1780er Jahren waren demnach (1) die Dampfmaschine, (2) Eisenbahn und Stahl, (3) Elektrotechnik und Chemie, (4) Automobil und Petrochemie sowie (5) die IT-Industrie. Immer wieder wird nun die Frage gestellt, was den sechsten Kondratjew-Zyklus nach der IT-Industrie anstoßen könnte. Die globalen ökologischen und gesellschaftlichen Herausforderungen deuten darauf hin, dass die Biotechnologie und der Gesundheitssektor maßgeblich für den sechsten Kondratjew-Zyklus sein könnten.

Die Bedeutung der in diesem Buch vorgestellten Themen kann also nicht nur individuell persönlich, sondern auch globalökonomisch nicht hoch genug eingeschätzt werden. Sich diesen Themen zu verschließen wäre daher aus mehreren Perspektiven fahrlässig. Für einen Einstieg ist es jedoch nie zu spät.

 Springer springer.com

}essentials{

Viktoria Welledits · Christian Schmidkonz
Patricia Kraft

Digital Detox im Arbeitsleben

Methoden und Empfehlungen für einen gesunden Einsatz von Technologien

Springer

Jetzt im Springer-Shop bestellen:
springer.com/978-3-658-28070-3

The manufacturer's authorised representative in the EU is Springer Nature Customer Service Centre GmbH, Europaplatz 3, 69115 Heidelberg, Germany. If you have any concerns regarding our products, please contact ProductSafety@springernature.com

Printed and bound by CPI Group (UK) Ltd, Croydon, CR0 4YY

23/03/2026

02076465-0004